文化艺术经济学译丛

文化经济学

Advanced Introduction to Cultural Economics

Ruth Towse [英] 露丝·陶斯 著 周正兵 译

东北财经大学出版社 大连
Dongbei University of Finance & Economics Press

辽宁省版权局著作权合同登记号：图字 06-2015-170

Advanced Introduction to Cultural Economics: Ruth Towse.

图书在版编目（CIP）数据

文化经济学 /（英）陶斯（Towse，R.）著；周正兵译．—大连：东北财经大学出版社，2016.5（2022.10重印）
（文化艺术经济学译丛）
ISBN 978-7-5654-2300-0

Ⅰ.文…　Ⅱ.①陶… ②周…　Ⅲ.文化经济学-研究　Ⅳ.G05

中国版本图书馆CIP数据核字（2016）第092985号

东北财经大学出版社出版发行
大连市黑石礁尖山街217号　邮政编码　116025
教学支持：（0411）84710309
营 销 部：（0411）84710711
总 编 室：（0411）84710523
网　　址：http：//www. dufep. cn
读者信箱：dufep @ dufe. edu. cn
大连图腾彩色印刷有限公司印刷

幅面尺寸：170mm×240mm　字数：143千字　印张：13.5
2016年5月第1版　　2022年10月第3次印刷
责任编辑：李　季　刘　佳　　责任校对：李　季
封面设计：张智波　　版式设计：钟福建
定价：59.00元

《文化经济学》中文版序言

本书尽量避免使用大量经济学行话，因为本人相信即便没有它们，很多人也能理解简单的经济学。与此同时，本人也充分意识到读者所处的不同制度环境：在文化领域的经济组织方面，美国、欧洲与中国以及其他亚洲国家有着天壤之别。有些国家的表演艺术和遗产机构大都由政府拥有并管理，而在英国等其他国家中，艺术机构多是私人的、非营利的，它们通过所谓“一臂之距”的机构（如英国艺术委员会）获得政府性资金，这些机构有权决定资助什么机构以及资助金额。从前，资金的分配几乎没有监管，而如今则有了细化的监督以及绩效指标，能够有效跟踪有关艺术和文化产业方面目标实现的情况。在上述这些情形之下，文化经济学都有用武之处，因为无论是对创新性、创意性文化，还是文化领域的资源优化使用而言，文化经济学分析都至关重要。

除了那些传统艺术形式与博物馆，创意产业通常是私人企业，这些企业依赖市场并通过利润以获得可持续发展。这些行业很多产品的基础是受知识产权（大多是版权）保护的内容，而且这些市场必须加强知识产权保护才能有效运转。因此，在创意经济中，资金来源不同的营利性机构与非营利性机构共存。文化经济学对于这两种情形皆一视同仁，而不会在谁更胜一筹这个问题上有价值判断。这两个领域要想取得成功的话，企业家精神、善治以及响应消费者需求的能力都是必备的。

文化经济对孕育创造性以及文化发展作用甚巨，本人乐见本书能够为中国文化经济发展进程提供些许智力支持。

露丝・陶斯

于塔维斯托克（Tavistock），2015年

文化经济学家评传之一：露丝·陶斯（Ruth Towse）

文化经济学家戴维·索罗斯比（David Throsby），在其文化经济学名著《经济与文化》序言中这样描述文化经济的尴尬地位："虽然文化学者多年来在剖析文化和文化实践的社会意义中注意到某些经济学问题，一些经济学家也有意无意地探究经济活动的文化背景……但当我在20世纪70年代研究艺术的经济学问题时，我的很多同事还是将'文化经济学'仅仅当作业余爱好而已，使之被排斥在正统经济学研究的范围之外。"[①]事实确实如此，今天在文化经济学术界，我们所耳熟能详的学者，从凯恩斯（Keynes）、罗宾森（Robbins），到艾伦·皮考克（Allan Peacock）、威廉·鲍莫尔（William Baumol），他们在文化经济学中的贡献虽然卓著，甚至无愧于奠基者身份，如威廉·鲍莫尔被公认为文化经济学的奠基人，但对于他们而言，文化仅仅是他们的业余爱好：凯恩斯被认为是艺术方面的通才，无论是视觉艺术还是表演艺术他都有着非凡的鉴赏力；罗宾森则在视觉艺术方面情有独钟，甚至担

---

① Throsby, Cavid D., Economics and Culture, New York : Cambridge University Press, 2001, Preface.

任英国国家艺术馆的独立董事；威廉·鲍莫尔则倾心于绘画；而艾伦·皮考克则不仅是一个被动的欣赏者，他在伦敦经济学院时就亲自组织乐队，而且这种爱好贯穿生命始终。文化经济学研究“仅仅被他们当作业余爱好而已”，他们的主要学术研究还是集中在传统经济学领域，其声誉也大都来自传统经济学方面的贡献。而露丝·陶斯无疑是个例外，她是最纯粹的“文化”经济学家，自20世纪60年代就致力于文化领域的经济学研究，并心无旁骛地深耕于此，在诸如版权经济、文化经济学科体系构建等方面取得了令人瞩目的成就，堪称文化经济学界的活化石与文化经济学的集大成者。

一、露丝其人其事

露丝教授与其他文化经济学家一样，有着系统而专业的经济学训练，她本科就读于雷丁大学，并于1964年获得政治经济学荣誉学士，两年之后，她获得伦敦经济学院经济学硕士学位。值得一提的是，伦敦经济学院无疑是当今最为重要的文化经济学研究圣地（绝对没有之一）。无论是罗宾森，还是艾伦·皮考克、威廉·鲍莫尔，以及索罗斯比、露丝，他们都曾经是伦敦经济学院的学子。众所周知，伦敦经济学院是古典自由主义复兴的根据地，也是福利国家思潮兴起的思想库，特别是伦敦经济学院在第二次世界大战后所倡导的福利国家思想是英国文化政策的重要理论基础。无论是作为前辈的罗宾森，还是作为继承者的艾伦·皮考克、威廉·鲍莫尔以及露丝都继承了这一优良传统，即从一个具有高度人文情怀的知识分子立场，运用福利经济学等经济学方法研究文化问题。2000年，早已功成名就的露丝教授，在其所供职的鹿特丹伊拉斯姆斯大学获得经济学博士学位，其学习热情可见一斑。

虽然，露丝1966年自伦敦经济学院毕业，但是，此后她就没有离开过校园，一直在英国、荷兰等国担任教职。她所供职过的学校包括英国的密德萨斯大学、伦敦大学、伦敦城市大学、伦敦经济学院、埃克塞特大学，荷兰鹿特丹伊拉斯姆斯大学，以及泰国国立法政大学。如今，露丝是伯恩茅斯大学知识产权政策与管理中心的教授与共同主任，同时是格拉斯哥大学的兼职教授。此外，露丝恐怕是文化经济学界最活跃的学者之一，她在两个重要的协会都担任过主席，它们分别是国际文化经济协会、版权经济研究协会（Society for Economic Research in Copyright Issues）。国际文化经济协会前身是由美国阿克伦大学教授威廉·亨顿于1977年创办的文化经济学会，1993年协会全面升级改组为国际文化经济协会，首任主席是美国知名经济学教授迪克·纳泽。自此以后，露丝教授就全面介入文化经济学会的管理与服务工作，她更是在艾伦·皮考克和威廉·鲍莫尔两位学术权威的极力推荐下，于1993年成为《文化经济学刊》的共同主编，并在这个位置上服务10年，成为该刊物截至目前任职时间最长的编辑。而对于版权经济研究协会而言，露丝教授的贡献就更为卓著，她不仅与理查德·瓦特（Richard Watt）教授一道创立协会，而且主导了协会的发展方向，特别是与国际版权协会及各国集体著作权协会等紧密联系，使该协会在国际版权研究领域享有极高的声誉。从露丝教授参与这两个国际性协会的工作及其成绩来看，她虽然身居象牙塔，却能在象牙塔内外游刃有余：身为教授，她潜心治学，不仅著作等身，而且桃李天下；身为各类协会的主要缔造者和参与者，她不仅全心服务学术共同体，深受同行尊敬，而且诚意服务社会，享有国际性声誉。

二、露丝的学术贡献

已故文化经济学家，露丝的亲密伴侣，马克·布劳格，在梳理文化经济学学术史时认为，“文化经济学的发展程度介于教育经济学与健康经济学之间，较之教育经济学更有创新精神，但是较之健康经济学则在研究成果方面略有逊色，这可能要归因于文化经济学有些孤立，不太愿意借鉴经济学其他领域发展成果，更不要说心理学、社会学和政策分析等领域的成果。尽管如此，文化经济学还是不断为文化热衷的问题提供了各种新的经济学方法应用。总而言之，文化经济学在新的领域生气勃勃”。[1]应该说，马克·布劳格对文化经济学的评价至今仍然有效：一方面，文化经济学在趣味及其形成、文化需求与供给、艺术市场、艺术经济史、艺术家劳动力市场、成本病、非营利艺术机构、艺术资助等领域有着丰硕的成果，并构筑了文化经济学学科的基本问题框架；另一方面，文化经济学还存在着重大缺失，如忽视技术在艺术变革的作用，有关艺术家作为主体及其创意在产品中作用的研究严重不足。[2]在文化经济学学科发展史中，露丝教授可谓是为数不多的几个称得上是“活化石”的学者：他们不仅是文化经济学学科的重要参与者与推动者，文化经济学学术发展过程的重要环节都有着他们的参与，他们本身就是学术史的重要组成部分；而且是重要见证者与总结者，他们不断完善学科的理论框架与问题领域，并亲自书写学术史。从这个意义上来看，马克·布劳格的上述论断为评价露丝教授的学术贡献提供了最好的视角：一方面，露丝教授精研文化经济学的基本问题，深耕文化经济学学术史，不断完善文化经济学的问题疆域与学科框架，在文化经济学学科建构上取得令人景仰的成就；另一方面，她又独辟蹊径，从文化经济学研究之薄弱环节，特别是版权经济与艺术家劳动力市场方面着手研究，这不仅弥补了文化经济学研究的致命空白，而且创设了版权经济研究的重要分支，她本人也成为版权经济领域的权威。就前者而言，露丝教授可谓是文化经济学学科的建筑师，

---

① Mark Blaug. Where are We Now on Cultural Economics. Journal of Economic Surveys, Vol. 15, No. 2, 2001.

② Ruth Towse. Farewell Editorial. Journal of Cultural Economics 27: 3-7, 2003.

她不仅梳理了文化经济学学科发展的历史脉络，而且搭建了文化经济学学科的基本构架；就后者而言，露丝称得上是文化经济学之版权经济的推进者，她不仅弥补了文化经济学之缺失环节——版权经济，而且以版权经济为基础重构文化经济的理论框架。以下我们就此两个方面梳理露丝教授的学术贡献。

1. 版权经济学的推进者

版权经济研究由来已久，从阿诺德·普朗特(Arnold Plant)于1934年写下名篇——《图书中的版权经济》[①]以来，版权经济的研究就未曾中断，露丝教授对此做了细致的文献梳理，在她看来，版权经济研究可归纳为三个流派：其一是早期的版权经济研究，诸如阿诺德·普朗特（1934）、赫特和舒克曼（1966）（Hurt and Schuchman）等人质疑版权保护的经济合法性，其论述的核心是市场为作者的生产提供了动态的激励；其二是以理查德·波斯纳（Richard A. Posner）和威廉·兰德斯（William M. Landes）（1989）为代表的学者从福利经济角度，运用比较静态模型分析版权法律变动对市场的双重影响；其三是从经济学角度分析版权执行，如集体著作权管理组织的经济分析等。[②]在露丝看来，版权经济研究虽然取得了瞩目的成就，但是从文化经济的视角来看，以往的版权经济研究常常忽略了如下三个方面的事实：其一，版权作品生产与销售中不同权利主体之间存在着交易关系；其二，不同权利主体的经济价值也各不相同，如图书的电影拍摄权，图书一旦拍成电影，作者就会从电影拍摄权

① Plant, A. The Economic Aspect of Copyright in Books, Economics. May: 167-195, 1934.

② Ruth Towse. Copyright and Economic Incentives: An Application to Performers' Rights in the Music Industry. KYKLOS. Vol. 52: 369-390, 1999.

中获得比图书销售之版税更高的收益；其三，同样的权利在不同地区也会有着不同的收益。[①]其实，早在1710年第一部版权法——《安娜法令》就标示其目标为“防止印刷者不经作者同意就擅自印刷、翻译或出版作者的作品，以鼓励有学问、有知识的人编辑或写作有益的作品”，但是，自《安娜法令》颁行以来的版权法实践以及20世纪后半叶崛起的版权经济学研究，都忽略了这样一个事实：原创者与其交易对象，也就是创意经济中的各类企业，在版权经济中的地位并不均衡，版权对原创者与企业所施加的影响也迥然有别。因此，有关版权在资源配置中的积极作用，特别是版权的法定保护能够激励原创者的论断就大有问题。应该说，这是露丝教授版权经济学研究的一个重要突破，她从创意经济的宏观视角，质疑版权配置资源，特别是激励原创者的功用，并开始其版权经济研究的创新之旅。[②]

作为文化经济学家，露丝教授的创新之旅始于反思文化经济学自身的问题，即为什么文化经济学忽略了版权，这也是2008年露丝教授在国际文化经济协会发表主席演讲的题目。在演讲中，露丝教授反思文化经济学研究为什么忽略版权在配置资源中的作用，而将资助置于弥补市场失灵、优化资源配置的中心。[③]造成这种现象的原因：一方面是文化经济学研究由于忽略版权对不同交易主体的影响有别，而夸大了版权激励原创的功用；另一方面是文化经济学研究由于学术研究路径依赖以及错误估计技术在创意经济中的作用，而低估了版权激励原创的功用。而究其本质，资助与版权有着不可置疑

① Ruth Towse. Copyright and Economic Incentives: An Application to Performers' Rights in the Music Industry. KYKLOS. Vol. 52: 369-390, 1999.

② Ruth Towse. Copyright and Creativity: An Application of Cultural Economics. Review of Economic Research on Copyright Issues vol. 3(2), pp. 83-91, 2006.

③ Ruth Towse. Why Has Cultural Economics Ignored Copyright? Journal of Cultural Economics, 32:243-259, 2008.

的共同点，即两者都是“市场之手”之外的激励文化生产的方式，也就是说，两者都是宽泛意义上的文化政策，这也是“英国政府高度重视以版权方式刺激创意经济发展，以期实现文化产业能够依赖市场而非政府资助的原因”。而这就构成了露丝教授版权经济研究的突破口，即将版权与资助均视为“市场之手”之外的文化政策，研究它们在激励原创、配置资源中的真实功用，既不能像版权经济学研究那样高估版权，也不能像以往的文化经济学那样低估版权。

在这篇演讲中，露丝系统比较了资助与版权在激励原创方面的功用。在露丝教授看来，版权与资助作为文化政策，两者有着很多的共同点：都是应对市场失灵的措施；都是借用福利经济学来论证其合法性；都是次优选择；都会产生寻租问题；都会导致道德风险。与此同时，两者也有着诸多不同之处：如版权是通过读者激励作者生产作品，而资助则通过纳税人而非读者来刺激作品生产；版权是事后的，其中收入与产品之间的关系是自动的，而资助是事前的，收入与产品之间的关系更为复杂；版权涉及代际间的继承，而资助的代际关系则更为复杂；最后，版权是依靠市场发挥作用，而资助则不是。基于上述比较，露丝教授认为，“版权与资助是可以共存的，无论是从政策还是实践层面：原创者的版权作品可能获得资助，而获得资助的艺术机构在诸如戏剧、管弦乐、当代艺术展览之类的业务中也会支付版税以便使用版权作品。”[①]露丝教授的贡献在于，告诫学术同行以及政策决策者，无论是资助还是版权，它们作为文化政策都只是次优选择，它们之间没有替代性关系，也不可能互相替代，有的只是共存性关系，只有这样两者才能取长补

---

① Ruth Towse. Why Has Cultural Economics Ignored Copyright? Journal of Cultural Economics，32:243-259,2008.

短，实现共赢。

至此，露丝教授清晰地阐述了资助与版权之间的共存关系，然而，作为一位治学严谨的学者，她仍然觉得这个结论多少有些难以令人信服，还需要从理论与实践两个层面论证版权如何激励原创，以及激励作用到底有多大，其代表作就是《版权与经济激励：表演者权利在音乐产业中的应用》。①在这篇代表作中，露丝教授创造性地运用委托代理理论分析版权中各类交易对象之间的博弈情形，并分析不同情形下版权对原创激励的程度与效果，提供了版权激励原创分析的基本理论框架，具体可参见表1。

表1　　英国版权的风险分担与委托代理分析

支付方式	一次性买断	预支版税	版税分成	作者自营
风险分担	出版者承担	两者分担但作者分担程度低	两者平均分担	作者分担
对作者的激励	生产常规性作品，对原创没有激励，声誉较低	与出版者合作，作者无动力促销自己的作品与声誉	与出版者合作，作者有动力促销自己的作品与声誉	作者有强烈动力促销作品并提升与维持较高的声誉
对出版者的激励	通过使用声誉低的作者或表演者实现资产价值最大化	与作者合作，有强烈动力促销作品以收回预付款	与作者紧密合作	不适用
交易成本	对两者而言均低	对出版者而言较高	作者监控出版者与解决争议的成本高	低/无

Source： Ruth, 1999.

① Ruth Towse. Copyright and Economic Incentives: An Application to Performers' Rights in the Music Industry. KYKLOS. Vol. 52: 369-390，1999.

在此框架之下，露丝教授利用英国各类集体著作权组织所提供的版权经济数据，分析版权对原创者的激励程度，其结论与其他同行的并无二致：除了极个别超级明星能够从版权中获得较高收益外，其他绝大多数艺术家均无法从中获益。当然，由于目前所掌握的数据极其有限，其说服力也相应有限，对此露丝教授中肯地认为，这方面需要更多独立、科学的研究。

当露丝教授解决了版权经济领域的上述基本问题之后，她开始以一己之力建构版权经济学的学术研究框架，其最终的集大成之作就是《创意、激励与奖励：信息时代版权与文化的经济分析》。[①]该著作的独到之处在于，露丝教授以创意作为促进手段的独特视角，分析了版权与资助各自不同的功用及效率，从而对版权之于创意以及创意经济的激励作用有一个客观的认知。依据这一思路，该书共分4章：第1章，文化经济、版权与文化产业，主要讨论文化经济与版权法的互动关联，特别是版权作为激励手段对创意的功用；第2章，艺术家的回报，主要讨论艺术家劳动力市场资源配置的机制与现状，为分析版权对艺术家的激励作用提供重要背景；第3章，版权激励与奖励，主要通过音乐产业分析版权对艺术家激励的方式与程度；第4章，信息时代的版权与文化政策，主要在信息时代背景下分析文化政策以及版权所面临的困境，并就此提出若干建设性政策建议。

作为文化经济学开创者的威廉·鲍莫尔对此书给予了极高的评价，故援引至此以作为露丝教授在版权经济领域学术贡献的结语，“这是一部有关艺术家之补偿和艺术活动之激励的重要著作。传播技术的爆发式变革在创意经济领域催生了很多紧迫性问题，也对艺术家的收益构成了新威胁。这本书关

① Ruth Towse. Creativity, Incentive and Reward. An Economic Analysis of Copyright and Culture in the Information Age, Edward Elgar, Cheltenham, 2001.

于版权的论述为分析这个问题提供了十分重要的信息。总而言之，这本书旁征博引、行文流畅且充满睿智，是版权经济领域不可或缺的重要著作”。[①]

2. 文化经济学学科的建筑师

从鲍莫尔提出“成本病”概念，成立文化经济学学科以来，这门新兴学科已经走过了半个世纪的时间跨度：在此期间，几代学人深耕于此，也造就了诸多令人景仰的学术大师，如凯恩斯、罗宾森、提勃尔、皮考克、迪克·纳泽、鲍莫尔、凯夫斯、布鲁诺·费雷、维克多·金斯博瑞、索罗斯比、陶斯等等；在此期间，无数个学术问题被人们提及、探索，并成就了诸多绕不开的学术经典，如趣味及其形成、文化需求与供给、艺术市场、艺术经济史、艺术家劳动力市场、成本病、非营利艺术机构、艺术资助等问题。概言之，学术史既是作为历史见证人之主体的历史，也是问题史，或者说，主体与客体之间互动交织而成的历史。而露丝教授自20世纪90年代开始文化经济学研究，她的一个重要贡献就是学术史本身的梳理与建构。[②]

作为《文化经济学刊》长达10年的共同主编，露丝对文化经济学者有着非同一般的接触与洞察，因而，她能举重若轻地建构文化经济学的主体史。早在1993年，她在《文化经济学刊》的编者按中这样描述道，“文化经济学已经吸引很多重量级的经济学家，鲍莫尔、布劳格、皮考克、杨潘(Jan Pen)、加尔布雷斯、西托夫斯基，而在他们之前，凯恩斯和罗宾森不仅在艺术经济问题上有所涉猎，而且在英国的艺术管理中贡献巨大”。从凯恩斯到布劳格，露丝教授构筑了十分清晰的学科发展史，这理应成为今天文化经济

① William J. Baumol's Critical Acclaim. Cited in Ruth Towse. Creativity, Incentive and Reward. An Economic Analysis of Copyright and Culture in the Information Age, Edward Elgar, Cheltenham, 2001.

② Ruth Towse. A Handbook of Cultural Economics. Edward Elgar, 2011.

学的学习与研究者进入文化经济学殿堂的必经之路。可惜的是，学术界似乎对此置若罔闻，就连露丝本人对此也偶有抱怨。与此同时，露丝教授对文化经济学发展的问题有着十分清晰的认知，她按照年代分期对这些问题做了很好的梳理：20世纪60年代，文化经济学的主流是艺术经济学，主要是关注表演艺术的经济问题，代表性问题就是鲍莫尔提出的“成本病”；到了70年代，文化经济学关注的重点开始转向博物馆以及后来的遗产，其代表性问题是遗产的财政资助；到了80年代，文化经济学关注的重心从高雅艺术转向文化产业，其代表性问题包括产品定价等；到了90年代，美国经济学会终于将文化经济学作为经济的分支学科纳入其旗下刊物的投稿目录，不过其名称依然是“艺术经济学”，这标志着文化经济学的学科地位得到广泛的认可，文化经济学研究问题的范围也更为宽泛。[①]在梳理问题史时，露丝教授同时发现，文化经济学本质上试图运用经济学理论与实证检验来解释创意经济中的各种现象，因此，解释这些问题的方法都本着适应性原则，效用至上，本身并没有什么连贯性，如鲍莫尔在解释“成本病”时运用了微观经济学，而艾伦·皮考克在解释遗产问题时则运用了福利经济学，但是有关方法的意识也构成了露丝梳理问题史的一个重要线索。按照问题与方法的框架，露丝教授构筑了迄今为止最令人信服的文化经济学学术史，这不仅体现在其发表论文的文献综述中，也体现在其系列著作的结构设计上，特别是《文化经济学手册》与《文化经济学》，以下就此展开分析。

众所周知，2006年《艺术与文化经济学手册》（Handbooks of the Economics of Art and Culture）出版，这是文化经济学学科走向成熟的重要标志：这不仅是因为文化经济学作为经济学的分支学科，被列入全球知名出版

① Ruth Towse. Farewell Editorial. Journal of Cultural Economics，27: 3-7，2003.

集团爱思唯尔（Elsevier）出版的《经济学手册》（Handbooks in Economics）之中，而且在于该书是文化经济学学术史上最为系统、权威的集大成之作。而就在《艺术与文化经济学手册》出版的3年前，露丝教授就出版了文化经济学学术史上的第一本手册《文化经济学手册》，其首创之功当彪炳史册。作为文化经济学的第一本参考书，该书较好地履行了参考书的职责，即在作者力所能及的范围内为读者提供周全、通俗的文化经济学知识。就周全性而言，该书所涉及文化经济学话题多达61个，几乎涵盖了文化经济学领域的所有重要话题：既包含绝大多数的艺术门类、艺术领域的重要现象，也包含了艺术管理的核心环节，甚至涵盖了艺术经济研究的基本方法；涉及作者53位，囊括了文化经济学领域几乎所有的知名学者，从文化经济学的创始人鲍莫尔，到文化经济学的中生代代表人物布鲁诺·费雷（Bruno Frey），直至文化经济学的后起之秀吉安·道尔（Gillian Doyle）。就通俗性而言，正如崔恩·比尔(Trine Bille)在书评中所述，“应用福利经济学、艺术价格、艺术家劳动力市场、鲍莫尔成本病、艺术的经济影响、遗产、国际贸易、非营利机构、公共选择、公共资助、艺术家资助、趣味养成等章节，不仅对该领域的现有认知有着很好的概括，而且表述方式也通俗易懂，十分值得推荐”。[①]当然，《文化经济学手册》作为早期的集体成果，无疑具有一定的局限性：一方面，由于主编学术偏好与视野的影响，有些重要文化经济学话题与领域并没有列入，如论述文化消费问题的力度明显不足；另一方面，由于是集体作品，语言风格差异较大，有些章节未能做到通俗易懂。

而露丝教授2010年出版的《文化经济学》则更见其作为文化经济学学科建筑师的本色，该著作诚如露丝自己所言，是“具有个人特色的文化经济

① Trine Bille. Book Review. Journal of Cultural Economics 28: 231-238, 2004.

学”，即“将文化经济学的领域从传统的领地扩展至更广泛的领域，这个领域包括创意产业以及与之相关的版权法问题”。[①]纵观文化经济学学术史，不同教材建构学科体系立足点各有不同，因此所呈现出来的学科框架也异彩纷呈：索罗斯比的《经济与文化》就立足于价值理论，借助于文化与经济价值来阐述文化经济问题，其阐述文化经济问题的框架也相对宏观；[②]詹姆斯·海尔布伦（James Heilburn）与查尔斯·格雷（Charles Gray）所著的《艺术与文化经济学》则基本延续经济学的经典框架，分别从宏观与微观角度分析文化经济学问题，其论述的框架在逻辑上相对严谨且易于接受。[③]而在《文化经济学》中，露丝教授特别注意到文化经济学所研究对象的领域扩张及其背后的原因，因此她更倾向于从创意及其相关的劳动力与版权出发构建体系：一方面，从创意出发将文化经济学实现领域分离，即将传统的艺术和遗产领域与创意产业领域相分离，从而能够最大程度地辨析两个领域的差异性特征；另一方面，从创意出发强调劳动力与版权的功用与特征，并将其视为文化经济区别于其他经济领域的本质所在，从而起到了拾遗补缺的作用，同时也成就了她个人在版权经济领域的杰出贡献。另外值得一提的是，该著作在第一部分“文化经济学的主要问题”中，对文化经济学历史、研究范围、方法等都有着简要的概括，是我们学习与研究文化经济学的重要导引，其所展现出的历史观与方法论无与伦比。

---

① Ruth Towse. A Textbook of Cultural Economics. Cambridge University Press，2010，Preface.

② Throsby，David D.，Economics and Culture，New York : Cambridge University Press，2001.

③ James Heilburn，Charles Gray. The Economics of Art and Culture.Cambridge University Press,2004.

目　录

第1章

关于文化经济学

文化经济学最著名的概念无疑就是鲍莫尔（Baumol）与鲍温（Bowen）在1966年出版的、具有开创意义的《表演艺术：经济困境》（Performing Arts: the Economic Dilemma）中所提出的理论，即如今广为人知的“成本病”。

文化经济学诞生于20世纪60年代，它不仅提供了能够解释艺术领域广泛存在的成本上升问题的分析框架，同时也为政府干预提供了经济合法性。并非偶然的是，文化经济学与政府为艺术和遗产承担的国家责任一样，都是后战争时期的产物。政府资助艺术的方式多种多样：在欧洲大陆，它通常指国家、地区和地方政府对艺术组织实施的国家财政资助和管理；在美国，公有和私有非营利艺术机构的私人慈善行为，要么由公共财政直接资助，要么由税收方式间接地激励私人捐助；在英国，则有一系列公共财政手段资助私人非营利文化机构。与此同时，直至20世纪90年代，国家不仅掌握着这些机构的产权，而且实际上管理着大量的博物馆、图书馆和国家遗产。不管文化领域的组织形式如何，发达国家在第二次世界大战后面临的共同事实是，艺术生产成本的直线上涨。

1.1 文化经济学概念

文化经济学最著名的概念无疑就是鲍莫尔（Baumol）与鲍温（Bowen）在1966年出版的、具有开创意义的《表演艺术：经济困境》（Performing Arts: the Economic Dilemma）中所提出的理论，即如今广为人知的“成本病”。它解释了在表演艺术领域成本非均衡性增长的现象。其他常用经济学理论，特别是福利经济学、公共财政理论，也被采用并越来越多地用于分析文化部门间的细微差别。文化经济学研究的话题包括，需求、艺术与遗产的参与和消费、供给、产品的成本与资助、艺术家的劳动力市场、创意产业的经济组织、艺术品市场，以及后来的版权在文化产品市场中的作用。实证研究是文化经济学的主流，它通过结合这些理论为艺术及遗产的分析提供了证据。这些就是本书要解释和讨论的话题。

“艺术”概念的外延极其宽泛，包括现场表演艺术（音乐、戏剧、歌剧、芭蕾、舞蹈和其他舞台艺术）、文学以及当代艺术，所有这些艺术形式都获得公共财政不同形式的资助。遗产是指博物馆及建筑遗产，包括了古迹，具有建筑学和历史意义的建筑，甚至是部分或者整座城市。尽管博物馆馆舍和收藏的管理方式不尽相同，有的是公共机构管理，有的则是私人非营利机构管理，但是它们多为公共产权；而博物馆本身则更为多样，从收集艺术作品、应用艺术、工艺品、科学、船舶、飞机的场所，直至动物园。私人营利性企业则在艺术与古董市场中，经营古代和当代艺术作品或者其他藏品，及在文化产业（详后）中经营其他业务。

1.1.1 产品与服务

经济学常常讨论产品，即能够购买和消费（欣赏或使用）的对象，例如我们可以购买一幅画并将其带回家，录音产品亦是如此。然而，文化领域的对象多为服务，参观博物馆或者看电影就是一种服务。服务是通过消费者购买门票或者许可的方式支付费用。为简便起见，经济学常常用了一个更为别扭的词组“产品与服务”。然而，两者在消费者权利方面是有区别的：纸质书可以转售或借给朋友，但是电子书却不可以通过电子化手段分享。随着数字化服务不断渗入创意经济，消费者使用文化产品与服务的权利也正在发生变革。

1.2 文化与创意产业

创意产业作为概念诞生于世纪之交，它将传统非营利的艺术和遗产，与

“创意经济”中的营利性文化产业结合起来。创意产业很快就占据主导地位，并被世界很多国家的政府视为经济增长与就业的主要动力。

1.2.1 文化产业

文化产业的界定方式有多种，但其关键是作为核心的文化内容通过媒介被批量生产和分销至广大、常常是全球的观众。它们包括录音、电影、广播、电视、新闻与印刷媒介，所有这些产品都以版权作品为基础。文化产业概念大概可以追溯至20世纪70年代，当时欧洲担心音像产业无法与美国进口产品竞争。美国电影与录音产品统治着电视与广播，而欧洲电影产业正在不断衰落。这些担心最终导致欧盟采取特别政策限制非欧盟产品的播放时间，同时为欧盟生产者提供资助或者其他刺激，制作更多电影和电视节目来弥补差距。与此同时，人们意识到现场表演艺术、参观博物馆与文化产业所提供的大众媒介之间的障碍正在消失：古典音乐、爵士乐及其他音乐的听众愈来愈倾向于购买录音产品，话剧、歌剧、舞蹈的信号通过电视重播，甚至为电视与广播专门制作高质量的戏剧。简而言之，随着大众媒介各种新技术的应用，文化产品实现大规模传播，使得高雅艺术与商业文化产品之间的边界土崩瓦解。

这些发展具有经济的多面性：一方面观众群扩张了，另一方面又出现诸如现场参与是否被“复制（canned）”版本取代的问题，这也是我们今天所讨论的“竞食效应（cannibalization）”。同时，人们意识到受过训练的、有天赋天才的艺术家和戏剧家在文化产业中实现就业。政府愈来愈有兴趣以资助表演艺术和博物馆的方式来支持文化产业。20世纪80年代，英国就曾经做过艺术经济重要性方面的研究，其中也包括广播艺术和文化产业的其他产品。事实上，当这些研究扩展到欧洲时，人们才发现很多国家正在资助文化产业。

1.2.2 创意产业

20世纪90年代后期，一种新范式出现，即将艺术、遗产与文化产业融合进一个部门——创意产业。当时，工党政府试图建立社会包容性，因此它主导完成了向创意产业的转型，并设立新的政府部门——文化、媒体与体育部。1998年，文化、媒体与体育部着手产业测绘工作，这与艺术和文化多少有些关联。这次测绘的范围包括广告、建筑、艺术、古董、手工、设计、时尚设计、电影与视频、互动娱乐软件、音乐、表演艺术、出版、软件、电视与广播。截至2009年，这些行业带来的增加值（增加值是政府衡量国民收入的主要方式）占英国总增加值的3%，而这一数据在1998年后曾大幅下调。

很多国家纷纷步其后尘采用这个范式，尽管产业目标不尽相同。欧盟有刺激创意产业的特别政策，其他一些国际性组织，如负责教育与文化事务的联合国教科文组织，以及负责全球贸易事务的联合国贸易与发展会议等，也将创意经济作为促进经济发展的手段之一。如今，“文化与创意产业”已经成为规范用法，不过本书多采用简化的术语——“创意产业”。文化经济的重要性在于，它极大地扩张了范围，从而给艺术与文化——曾经的“蛋糕上的糖衣”——一个更突出的经济角色，特别是当政府政策重心转向创意部门而非传统制造业，因为前者的增长速度更快。这种转换强调产业的经济价值，有人也许会说，代价是牺牲艺术和文化价值。

1.3 艺术与文化价值评估

价值是一个具有积极与规范意味的词，在文化经济学中这两种元素的出现频率最高。经济学有关价值的讨论由来已久，亚当·斯密在《国富论》称之为“价值悖论”；这取决于内在价值与作为价值尺度之价格的分离——使用价值对交换价值——正如水（高使用价值，低价格）及钻石（低使用价值，高价格）两个案例所显示的。这种争论从来就没有停息，如今又在公共价值概念——政策制定领域的常用概念上卷土重来。按照新古典经济学有关价值的实用观点，价格衡量的是物品对消费者的价值。消费者对物品的评估通过需求表来显示：在假定价格和替代品价格的前提下，个人愿意以不同价格购买产品或服务的数量，取决于他或她对于产品效用的评估，同时要考虑自身收入。在产品市场上，市场需求其实就是所有个体需求的总和，在自由市场环境下，它与供给结合决定产品市场价格。在这种情形下，价格与需求衡量物品和服务的价值。

但是，即便在新古典经济学看来，市场价格并不能衡量所有价值，这就引发经济学所谓的“市场失灵”问题。在文化领域，市场失灵现象极为普遍。有些产品与服务对消费者产生私属性质的愉悦或用途，有些则产生更广的文化收益，其中有些需要采取集体行动才能保证提供服务。文化价值常常不能由价格完全体现，因此需要采取其他方式。这些就是艺术与博物馆资助政策的经济学基础，已经被文化政策背景下的文化经济学（详见第2章）所广泛采用。文化政策选择免费提供某些文化服务：在英国，国家博物馆免费开放，有些城市甚至推出免费露天音乐会。尽管这些产品或服务是免费的，但并不意味着这些产品是经济学意义上的免费产品（用于提供该产品所消耗的资源可以用于生产其他产品）。资源使用一直存在“机会成本”，如劳动力、资本或土地是用于这种或那种用途，这需要在知晓上述事实的前提下做出选择。机会成本也许是经济学最基础性的观念，而艺术界人士常常对此视而不见。在经济学中，没有人可以说“不计代价提供X”或者“为挽救X要不惜代价”。

然而，价格无疑是私人企业提供产品与服务价值的合理衡量手段，正是其销售收入为企业生产更多产品提供了资金。价格在此作为企业的价值信号。如果生产的产品过多，就意味着供给超出需求，卖方就会减价以消除多余的库存，相反，价格上涨就意味着需求超过供给。供给与需求通常在互动中决定价格，然而有些产品的存量较为固定，比如说某著名大师的一件作品，其需求就能决定价格，艺术拍卖就是如此。

1.3.1　需求、意愿支付与收入

前文所述是需求理论的基础。事实上，需求有两个方面：对一个产品或服务的支付意愿，与消费者以某个价格购买一定数量产品的实际需求。如果某人的意愿支付价格高于产品价格，那么他就能享受消费者剩余；相反，如果价格高出意愿支付价格，消费者就会拒绝进入市场。质言之，消费者要求更多的产品或服务，更低的价格，但是，收入也会影响支付意愿：较高的收入能够让消费者以某一价格购买更多产品或者支付更高的价格。当然，还有一种不能直接观察到的非经济因素也影响需求——人们对于产品的趣味。因此，我们可能观察到不同价格时的需求情况，例如戏剧票，我们通过分析票房信息就可以一定程度上知晓观众收入，但是要想知道其趣味的强度却要难得多，因为我们缺乏客观的标准。趣味影响支付意愿：对芭蕾狂热的人极有

可能愿意花费其收入中的很大一部分去看芭蕾。反之亦然，对于那些没有养成艺术趣味，或者尝试过但不喜欢的人而言，不管票价多低，他们也不会观看。这个现象的重要性在于提醒我们，那些试图通过降低票价来刺激参与的艺术政策很难有成效。

1.3.2 文化参与

文化经济学就艺术与文化参与的决定因素做过大量研究。人们调查博物馆等场所以便了解参观者的特征及其方式——他们经常来参观吗？他们是单独还是有陪伴的？他们参加其他文化活动吗？他们的教育水平、职业、收入水平如何？很多国家都做过这些调查，其结果十分相似：相较于普通大众，这些参观博物馆及观看戏剧、古典音乐会、歌剧、芭蕾的人大多较为富裕且受过良好教育。更为重要的是，艺术与文化活动的线上参与也呈现出类似模式。其中的一个趋势就是艺术爱好者变成“杂食者（omnivores）”，即他们在一年内参与多种类型的文化活动（例如，既参加流行音乐会，也观看歌剧）。艺术趣味受教育影响，具体而言是受童年时期参与表演性的音乐、戏剧、舞蹈、诗歌写作等艺术活动经验的影响，这些经验对于文化参与有着终身影响。因此，专业艺术机构的巡演工作对于未来观众的发展就至关重要。

1.3.3 收入与经营收入

在营利性文化企业中，消费者为它们所生产的产品支付的价格是其收入来源：如果收入超过成本，生产者就能获利。然而，非营利机构的情形则迥然有别。首先，根据管理规章，它们的目标不是营利，而且任何超出成本的收益都应该重新投资于其设定的业务中。另外，票房收入只是其收入（经营性收入）的一部分，它们有可能从政府资助或私人捐助与商业赞助那里获得其他类型的资金（非经营性收入）支持：它们获得的非经营性收入越高，其票价定价水平就越低，其经营性收入会相应减少。相应地，获得资助越多，它们就能投入更多用于产品生产，如展览、表演以及其他活动，也会提升产品质量。对于文化经济学而言，非营利机构的经济行为与财务无疑是一个重要话题。

1.3.4 双边市场

对于营利性文化企业而言，其收入模式则截然不同，双边市场已经发展起来，而且随着互联网兴起其重要性正在不断增长。这能够解释为什么有些文化服务可以免费提供。在双边市场中，中介或平台将服务提供给双边（或者多边）顾客：商业电视台将节目卖给广告商的同时免费将节目传输给观众。当然，节目必须能吸引观众，节目对观众（“眼球”）的吸引程度越高，它对广告商的吸引程度就越高，广告商就愿意支付更高费用在该节目时段做广告。在有些双边市场，平台可能向双边收费：杂志与报纸就对广告商和读者都收费，因此它们有两种收入来源。

1.4 生产成本与供给

尽管表演、创意艺术以及遗产的生产与提供不尽相同，需要区别对待，但是它们基本的成本特征还是相同的。对于很多文化产品而言，其初始费用、固定或沉没成本很高：如果厂商停业，其设备等固定成本类资产可以出售，但是沉没成本则是用于没有转售价值事项的投入。例如，剧院可以用于多种表演，或者出售作为游戏厅，但是已经用于一部不成功的表演或电影的投入则无法回收。与固定成本相比，边际成本——增加一场表演的成本——则相对较低。在表演艺术中，每场表演观赏者的平均固定和变动成本取决于该剧场的观众规模；而对于音乐唱片而言，其全球市场就意味着每个消费者的平均成本很低，即便其录制与营销的固定或沉没成本很高。

1.4.1 表演艺术

本章开头曾提及鲍莫尔的"成本病"概念，该概念是文化经济学的重要理论之一。它特别适用于现场表演艺术的成本问题。该理论的关键是，在制造业产品生产中，劳动力生产率，也就是工人的平均产出水平上升，其原因是设备与新技术被采用于生产，从而提升了生产效率。而表演艺术却恰恰相反，表演是人的现场行为，其表演作品——弦乐四重奏或者莎士比亚戏剧——的本质决定其生产率很难提高。我们很难让产品加速生产或者减少劳动力的数量。然而，经济中的工资水平总体而言是上升的，因为先进设备的应用带来生产率的提升，但是表演艺术却无法在保证产品质量的前提下提升生产率，所以随着劳动力成本的上升，其成本将呈上升趋势。表演艺术高昂的生产成本将传导给价格，因此其价格涨幅将明显快于其他商品。除非降低水准以节约成本，或者需求增加导致价格上升，否则就有"成本病"。文化经济学就成本病、成本非对称性以及所有门类表演艺术的价格增长问题做过很多研究，但其结论尚有修正的可能性（参见第3章）。另外，由于观众数量受座位与音响的限制，剧院和音乐厅中的现场表演的成本将不可避免地上升，并导致其整体成本价格增长超出社会平均价格。

1.4.2 表演艺术的供给

这些似乎都回避了一个问题：表演艺术的供给下降了吗？鲍莫尔与鲍温

在其著作中给出的答案就是，为了保障高水平艺术的供给，就需要高水平的资助，以免价格上升导致需求降低。然而，成本病并不能解释为什么要提高资助水平，我们在第2章将运用福利经济学予以解释。暂且将这些问题放置一边，这里需要回答的一个“积极性”问题就是：其供给在过去50年时间里下降了吗？概括而言，“旗舰型”的国家和区域性剧院——国家歌剧院、芭蕾舞剧院，重要的区域性剧院——由于获得大量资助而存活下来，而其他艺术机构通过提供其他类型的产品（此处难言“质量”问题）也生存下来；票价有所上升，但是观众似乎愿意支付，关于票房销售整体溃败的担心似乎有些多余。其原因之一就是人们整体而言较为富裕：收入随经济增长而增加，而艺术需求依赖于收入和价格。整体而言，供给似乎增加了人们接触更多类型表演艺术的机会。

然而，我们还应该注意到另外一个阻止价格上涨的因素。艺术劳动力成本虽然增长，但是其增长幅度低于其他行业的劳动力成本。这虽然没有根本改变，但削弱了成本病的有关预测。关于艺术家劳动力市场的研究充分表明，各种类型艺术家——创意艺术家和表演艺术家——供给过剩。所谓供给过剩就是，在不同薪资水平上提供的人力资源数量或者劳动时数过剩。在所有创意行业中，劳动力供给都过高，即便薪资水平很低甚至没有薪水。其原因在于，他们渴望从事此类工作，并愿意为大红大紫的微弱机会奋力一搏。过多供给对薪资施加下行压力，尽管表演艺术的薪资有所上涨，但是其收入增长远未及其他行业或整体经济的水平。其实，艺术家在补助艺术。

1.4.3 视觉艺术、博物馆及其他遗产

尽管文化经济学就艺术品拍卖市场上的定价与投资回报做了大量研究，

但是有关当代视觉艺术成本与供给的研究却少得可怜。作为艺术家劳动力市场研究的一个部分，有关视觉艺术家的研究表明，其收入水平较低，并且他们用于生产艺术作品的时间往往受到限制。其他研究显示，艺术家的权利及版权也能影响供给。我们将在第5章予以详述。

相反，文化经济学高度重视博物馆与遗产的成本和供给的研究，主要包括：其一，遗产目录是由专家现在或过去从那些原本用于其他用途的物品中遴选出来的。质言之，古旧作品的提供量是固定的，除非有新的发现或命名，那些专注于当代艺术和工艺作品的博物馆只能收藏现成品。博物馆和画廊所提供的是，展览场所、收藏品的接入与信息，以及这些藏品的研究与保护。它们所需要的生产成本，要根据场所的规模、藏品的规模与性质以及参观者数量等来决定。它们的财产，尽管也是资产——建筑和收藏——常常为国家所有。文化经济学关注的一个主题就是，博物馆的管理者似乎觉得这些财产无需成本，所以倾向于收藏它们，结果是藏品无限扩张，空间不够展览所有藏品，库房里堆放的藏品也难见天日，即便如此，他们也不愿出售这些藏品。而且，很多国家的博物馆的运作方式缺乏对管理者的激励，以使参观变得有吸引力。

建筑遗产亦是如此。建筑被列入文物保护名册或者被命名，就意味着其具有历史和（或）建筑意义，因此它们的提供依赖于专家的选择。这些选择受成本要素的限制较少，也不一定与纳税人的选择一致，但是它们的保护最终都能获得资助。建筑遗产的另外一个方面是，很多在册建筑为私人所有，因此其维护与保存的费用就由所有者承担。与此同时，一旦专家将建筑列入保护名册，就会对建筑的改动做出严格限定，并强制实施保护标准，这些都花费不菲，因为它们的维护需要术业有专攻的劳动力。第4章将对此予以详述。

1.4.4 文化产业

文化产业多是营利性的企业（公共广播公司是个例外），只要其供给与需求的成本受到约束，供需法则将起到决定作用。如果某种产品或服务存在市场，企业只要能盈利，就会提供该产品或服务。尽管生产更多产品的边际成本很低，甚至在数字化情形下其边际成本实际为零，但是生产首份拷贝或“母本”的固定成本通常很高。即便在互联网时代之前，将电视信号传输给另外一位顾客的成本都少得可怜。高平均成本（全部成本除以其产量的均值）与低边际成本相结合，导致文化产业中的大规模生产与企业高度集中的倾向。这种成本特征解释了，为什么一些文化产业的国际企业（如录音、电影等）占据行业的统治地位，与此同时，少数企业的垄断也解释了，为什么诸如创意者和表演者等从业者缺乏谈判的话语权。而有关专利、商标，特别是版权的知识产权法强化了这种集中趋势，因为知识产权法阻碍了竞争。事实上，大多数文化产业都是典型的寡头垄断，就是少数大型企业主导市场竞争的经济组织形式；它们对竞争对手的所作所为十分敏感，并可能采取收购和兼并手段以维持其市场地位。大量小型企业与这些巨头共存，它们常常是市场的创新者，它们不断发展直至能够从市场上清除传统企业，或者通过兼并方式侵吞它们。

市场支配力重要的原因有二：占统治地位的企业可以通过价格剥削消费者，而且能够限制创意及新型文化的出现。随着产权的全球化，占据支配地位的势力往往能够限制文化产品的提供，使那些小微提供者无法与其展开成本和价格竞争，好莱坞电影就是一个明证。正是由于上述原因，各国纷纷出台特殊文化政策，试图保护民族文化、确保文化繁荣，以及颁布竞争政策对寡头垄断企业及其垄断行为实施规制。

1.5 结论

本章对文化经济学的介绍说明艺术与文化产品也是经济产品，诸如机会成本、供需、生产与消费等基本经济学概念也适用于此。然而，艺术与创意产业也有其独特属性，需要特殊对待以及改变某些经济学理论以适应它们，这使文化经济学与其他经济学区别开来。本章不仅介绍了文化经济学中的热点话题，而且也介绍了经济学分析的基本工具。本书其余章节将详尽论述这里所介绍的概念与材料。最后一章将汇总概念，并评估文化经济学的发展。

延伸阅读

戴维·索罗斯比（David Throsby）的《经济与文化》（*Economics and Culture*）（2001）展现了一个文化经济学家对经济学在广义文化中作用的杰出思考。与此类似，另外一个杰出文化经济学家布鲁诺·弗雷（Bruno Frey），其所著《艺术与经济学》（*Arts and Economics*）则对本章所涉及的很多话题给予更通俗的解释。泰勒·考恩（Tyler Cowen）的《商业文化礼赞》（*In Praise of Commercial Culture*）（1998）可以视为创意产业运动的先驱。米切尔·蒙泰斯（Michael Montias，1976）与威廉·格兰普（William Grampp，1996）两人对博物馆管理皆有精辟评论，非常值得一读。

第2章

文化经济与文化政策

文化经济学从一开始就与文化政策有关联，如为艺术公共资助及公共财政提供经济学论证——简而言之，即国家为什么资助以及如何资助。政府干预的前提是“市场失灵”，即在艺术及遗产、创意产业的部分领域，特别是公共广播服务中出现的市场失灵。

文化经济学从一开始就与文化政策有关联，如为艺术公共资助及公共财政提供经济学论证——简而言之，即国家为什么资助以及如何资助。政府干预的前提是“市场失灵”，即在艺术及遗产、创意产业的部分领域，特别是公共广播服务中出现的市场失灵。市场失灵就意味着价格机制这只“看不见的手”不能优化配置资源以提供恰当的供给，原因是有些收益或成本是市场价格没有计算在内的。福利经济学作为经济学分支，主要研究市场失灵问题，它为国家干预某些产品与服务市场提供了经济学基础，如教育、公共健康、环境以及艺术与文化。因此福利经济学为经济学中的文化政策分析提供了理论基础。它虽然不能告知文化政策应该如何，但是，政策制定者可以在政策形成过程中，运用其所提供的经济影响评估方法及分析工具。

2.1　福利经济学

在经济学中，社会福利被视为一个群体或者社会中所有个体的“效用”或收益的总和，福利经济学的基本假设就是，社会寻求整体社会福利的最大化。社会福利最大化实现的前提是，法律或其他政策措施的变化，不可能再改善一个（或多个）人的境况，而不使其他任何人的福利受损：这就是帕累托最优（帕累托是意大利经济学家与博学者）。而帕累托改进则是在社会福利能够提高的前提下实现的，但是，当所有旨在提高某些人福利的措施都会导致其他人福利受损时，帕累托改进就不太可能，因为大多数措施涉及诸如税收收入等资源的重新分配。这些原则关系社会效率，而与公平和公正无关。社会总体净收益（收益超过成本时）也许能够有所改进，即便有些人因此受损，也能给予补偿，例如道路规划等项目就包括强制购买房屋或土地。

成本——收益分析试图通过政策变化造成的成本与收益评估，获得净收益结果。这里只是简要介绍其框架，对此经济学中已有连篇累牍文献，而且争议不断，即便如此，它仍然是政策广为应用的决策基础。

文化经济学似乎只关注两种市场失灵：公共产品与消费的外部社会效益——即“外部性”——这为国家资助提供了经济学基础。我们下文将述及外部性。艺术与文化中存在公共产品特征和外部性是一个不争的事实，只是程度各有不同。困难的是我们无法为其贴上价值标签，因为只有价格并不足以证明价值。与经济学的其他领域一样，关于艺术资助的范围和公共部门的效率问题可谓众说纷纭。解决争议的关键是提供证据。

2.2 文化政策

总体而言，文化政策的目标就是确保艺术与遗产的存在，使之能够接触观众，以及提升或者保持其品质。在文化经济学发展的50年间，文化政策经历了较大的变化，而且不同国家与不同文化的文化政策也千差万别。有些国家直至今日才有全国性的文化政策。英国在20世纪的大多数时间里都倾向于采用一臂之距的非政府性公共机构（non-governmental public bodies），让它们管理相对数量有限的公共资金来支持艺术与博物馆，而对于档案、古迹、国家纪念地（national monuments）等则由政府直接管理。1931年成立的博物馆与美术馆常务委员会（1981年更名为博物馆与美术馆委员会）负责国家级博物馆和美术馆，后来也负责国家级图书馆。自1944年开始，大英艺术委员会（Arts Council of Great Britain）则成为表演艺术、文学与视觉艺术的政策制定部门；大英艺术委员会从政府那里获得一笔资金，然后根据自己制定的规则发放，直至今日英国艺术委员会亦是如此。英国广播公司则是另外一个半自治组织，它经由国会授权以征收执照费作为收入来源；直至20世纪60年代，BBC都是广播与电视的独家提供者，它负责自己的广播政策。因此，我们今天所谓的文化政策向来都是由分散的机构制定，直至20世纪末文化、媒体与体育部成立，才有机构整体负责文化政策。

几乎步英国后尘，美国国会于1965年批准设立国家艺术基金会作为联邦政府的独立机构，其职责范围包括表演艺术、文学、博物馆与传统艺术；它与其他国家艺术机构和慈善捐助一道促进艺术发展。每个州在艺术与文化方面都有自己的供给、财务责任以及政策。美国很多处于领先地位的博物馆和艺术收藏都是由慈善人士创立的，他们通过设立公益信托来负责自我管理、资金与政策等相关事宜。

相反，在很多欧洲大陆国家，剧院、博物馆和艺术收藏原本是皇家或王子的财产，后来被政府和城市当局接收。相应地，它们是（很多至今仍然是）国家和地方政府的一部分，由那些负责管理文化政策的国家公职人员拥有产权并实施管理。后来，有些转变为接受政府资金支持的非营利性基金会，政府也鼓励它们寻求私人性质的资金支持。在希腊和意大利等国家，大量建筑遗产属于公共财产，它们的重建与保护由国家政策和公共财政负责。

这些制度传统方面的差异，反映在各国政府所实施的艺术与文化政策的经济维度方面，例如是否鼓励私人资助或通过税收实现公共财政间接资助，资助的层级是中央还是地方政府？与此同时，文化政策所涵盖的艺术范围也发生了变化，并已经转向创意产业。但不管是何种制度安排，文化政策所适用的经济原理是一致的。

由于不断强调创意产业对国民收入与经济增长的贡献，文化政策的范围已经大大扩充。如今，文化政策与创新和经济增长政策有关联，后来又与反映数字技术影响的信息技术和传播政策建立联系。欧洲委员会和其他诸如联合国教科文组织等国际组织已出台了创意产业政策，这些政策自然影响着各个国家的文化政策，并且政策的范围不仅仅局限于视听领域。而文化经济也就相应地扩大了自身的范围。

2.3 公共资助

艺术与文化公共资助合法性的根基在于市场失灵确实存在，其形式要么是市场价格不能全部反映外部收益，要么是存在市场激励失效的公共产品。价格在上述两种情形下都无法直接反映社会收益，价格只能反映人们基于自身收益或愉悦所愿意支付的水平，而不是社会其他成员可能获得的收益。当社会收益超出私人收益（需求）时，就需要资助来弥补差距，其数量由两者之差来决定。

2.3.1 公共产品

公共产品与服务在消费过程中都具有“非竞争性”，即一个人的使用或享用并不减少另一个人消费的可能性；而且具有“非排他性”，即用户不能排除“搭便车”行为——享受了产品或服务的却不能为之付费。尽管人人都想享搭便车之利，但问题是对于那些以营利为目的生产者而言，搭便车并不能为其供给产品提供动力：它们不能通过市场传递支付意愿，因为那里不存在市场。因此，那些有筹款能力的政府或者非营利机构应该提供公共产品。对于这个问题最为通常的应对方法之一就是，通过公共资金予以资助，但这不是唯一方法；有些公共产品就由私人机构提供，如俱乐部——正是先前租赁图书店和集会厅所采用的模式。其实，决定公共性的是产品或服务的属性，而非产品提供是获得公共还是私人资助。

毋庸置疑，有关文化领域公共产品无处不在现象的讨论已经十分充分。文化所涵盖的范围到底有多大——按照人类学的用法，它包括语言、习俗、社会价值、公民意识、民族自豪感等——将影响公共产品概念的外延是否合适、公共资助是否合理以及提供该产品的组织类型。尽管，纯粹的公共产品极少，但是很多文化产品与服务具有公共产品性质，有时被称为“半公共”产品。

产品或服务是否具有排他性取决于技术和交易成本：它们可以将一个产品从公共产品转变为一个虽然还具有非竞争性却可以排他的产品。在无线传输时代，技术发展还不能将未付费者排除在外，公共广播的确是公共产品，信号的确是非竞争性的，因为它不会被消费者用尽。即便在拥有付费电视的数字化时代，公共广播仍然具有很强的公共产品特征，如强化民族和社群价值以及运用共同语。

一个可能的例外是，我们可以通过收门票为产品或服务的生产或维护提供资金。建筑遗产则提供了不少的例证（自然遗产提供更多的例证）：英国的巨石阵先前是向游客免费开放，结果是游客数量激增，于是建起围墙并开始收费。其结果是巨石阵变成了一个半公共产品——具有非竞争性但可以排他。它仍然是具有公共产品特征、有着丰富文化和象征意义的事物，但是它不再是经济学意义上的纯公共产品。它虽然还接受公共资助，但是其门票收入可以覆盖全部的参观成本。

价格有时也能起到限量供给产品或服务的作用。一幅画，就其不能被观赏者“消费”（用尽）而言，是非竞争性的，但是如果太多观赏者试图同时欣赏这幅画，拥挤就会导致体验上的竞争性。如果美术馆或博物馆是免费的

(因为它们获得公共资金的资助)，这会导致某种形式的竞争性——拥挤，如果卖门票，就可以限制开放时间或收高额票价抑制过量参观者。

一个通常的误区是，将艺术机构的公共资助等同于公共产品。它们有着概念上的差异，尽管公共资助产生的原因在于，目标产品或服务是公共产品(或具有很强的公共产品属性)。向个体公民征税的税收部门早已存在，它们原则上可以视同于收集订单的机构，其征收的交易成本很可能低于那些专门设立的一次性机构。因此，税收是公共产品类项目资助更有效率的方式。例如，公共广播的资金如今还来源于特别目的税（一个子虚乌有的税种）而不是执照费（尽管英国还采用后者)。

2.3.2 外部收益

关于外部收益的存在及其范围也有不少争议，尽管与公共产品相比要少得多。外部社会收益与公共产品特征紧密关联，因此有些文化经济学家就互用这两个概念。其本质区别在于，公共产品如果没有国家或者私人的共同资助就不可能存在，而外部社会收益则来源于市场上所提供的产品或服务，其中消费者所支付的费用仅能反映个体的收益。由于市场不能提供“最大化”的数量（因为价格信号仅能反映个体收益)，所以需要额外资金鼓励生产者提供更多的产品——因此公共资助乃基于市场失灵基础之上。

外部收益有两种：消费的外部收益，生产的外部收益或溢出效应。前者是指个体消费对他人所施加的收益：观看戏剧（个体的私人收益）可以让观众更好地了解社会问题（无形社会收益)。艺术生产的溢出效应多是有形的，并能造福于其他商业或社群。论及溢出效应，其理论与外部收益类似却不尽相同，因为它与外部收益相比较更能反映其作用的过程。比如说，城市当局投资了一座新剧院：附近的宾馆、酒吧就会由此获益，与此同时，如果这些新场所陆续建成，土地价格将会上涨。对于这些收益而言，不用花费资源就能获得额外收益，这就是一种经济租金（非营业性收入）。因此，原则上这些商业机构可以支付额外税收来资助剧院，它们也能获得不错的利润。也有这方面的实际应用：酒店与餐馆税可以用于扶持旅游景点，否则就要由当地居民作为纳税人来买单。

无形外部收益通常通过条件价值评估方法衡量，它通过成本——收益或经济影响分析来评估溢出收益。下章我们将详细论述这些方法：第4章将结合建筑遗产讨论条件价值评估法，第9章将结合节庆和城市更新的艺术项目剖析经济影响分析法。其基本原理是一致的：资助纠正市场失灵。通过评估外部性的价值，决策者可以了解到通过税收实现的贡献量，并据此决定其对文化产品供给者的资助力度。这为产品供给者提供了充足的资金和动力来增加供给，以达到能使社会效益最大化的产量。

2.4 福利经济学批判

福利经济学常常要遭受各种批判，有时是致命的批判，特别是其作为基础的理论假设，不可能出现在经济学家所谓的“真实世界”中。文化经济学在解决这些政策问题时，有两种可相互替代的观点颇为流行：次优理论与公共选择理论。

2.4.1 次优理论

对于将福利经济学作为政策基础的主要批判来自“次优理论”，与帕累托最优之最优针锋相对。次优理论认为，一切试图纠正市场失灵的行为，例如给予资助以弥补外部性，只会使问题更糟糕，因为价格信号与刺激被扭曲了。因此，没有一种理论方案能够评估政策的绩效，所有可能的结果都只是在经验基础上做出的决策。版权法就是次优理论的有效例证。版权法的目标是克服那些侵蚀合法原创者利益的盗版者（侵犯版权者）的搭便车行为，因为他们不用支付生产原始拷贝的高昂成本。但是版权会将垄断因素引入市场，因为它为了保护作品，企业就有可能提价，从而也就扭曲了竞争：一个扭曲导致另外一个扭曲的产生。尽管人们普遍承认，现实世界充满了次优选择现象——税收就是一个明显的现象——经济学家却不太情愿放弃追求福利最大化的想法，因此，次优理论只能屈居次席。

2.4.2 公共选择理论

文化政策分析另一个可替代福利经济学的方法是公共选择理论。公共选择理论将经济激励的合理性原则应用于政治程序。福利经济学从不问询政策是如何选择的，而是追求改进以实现福利最大化。公共选择理论则质疑政策制定背后的动机，即谁会从特定政策获得政治或官职上的好处。他们认为，理解政策选择必须考虑到，获得选票或执行管理权力的动机，而不仅仅是提高福利的目标。这种方法对文化政策十分有效，因为艺术机构是国家官僚机构的组成部分，当然也适用于其他情形：如将艺术、遗产、媒介及其他文化产业统统囊括到具有重要经济贡献的“创意产业部门”，这提升了文化行政部门在政府中的地位。

公共选择理论特别适用于游说和寻租，这些在艺术领域十分常见。寻租意味着通过游说获得非经营性所得，这对获取更高的社会效率并无益处。艺术与媒介领域的厂商声誉显赫，这就意味着它们能将自己的需求以广为人知的方式送达政策制定者，因此让政策制定者陷入有意不选却不得不选的尴尬境地。艺术界通常的抱怨是，政府（及经济学家）中充满了“市侩主义”的角色，而媒介在实现其目标方面则另有神通。在过去几十年间，媒介企业有关延长版权法保护期限的游说绵延不绝。

2.4.3 政府失灵、挤出与挤入

在公共选择理论中，与市场失灵相对应的概念是“政府失灵”——政府干预可能是市场失灵的诱因而非治愈良方。其特殊情形就是“挤出”——即政府如果资助什么，就会抑制该领域的私人投资。挤出理论认为，国家对文化的资助会抑制私人捐助。对于一个潜在的博物馆捐助者而言，他（她）也许要问为什么政府资助不足：难道就是因为政府有关机构认为其重要性等级不够？然而，这也可能意味着相反的情形——获得一定的国家资助将会被视为质量保障而激励私人捐助，这就是“挤入效应”。美国的国家艺术基金会坚信挤入效应，获其资助能够吸引成倍的其他捐助。然而，文化经济学的实证研究表明这种观念是错误的。

2.5 国家艺术资助的类别

国家资助从税收那里获得资金，然后用于资助艺术与遗产机构、创作者以及创意产业中的某些行业（如电影业）。根据各国政体的不同，资助管理层级可能是国家级、地方级和（或）城市级，其管理机构可能是一臂之距的机构也可能是文化行政部门。

资助的形式也多种多样：直接或间接地，一次性付清或不等额支付，要求匹配或不要求，每种方式对获助者的激励皆有不同。直接资助主要是指资

助艺术机构。也许最常见的资助类型是基于某种整体目标的一次性资助，如提供高品质产品，或者将价格水平控制在自由市场定价水平之下。当一个机构获得经常性资助，即收入资助，这种资助往往持续数年。有些机构十分期待这类资助，特别是那些旗舰型的国家艺术和遗产机构，它们因此也就缺乏动力提升资源管理水平，或者创新产品及商业模式。有些政府部门引入激励计划，引导受助机构将资助用于指定用途，如吸引新的观众与提供教育项目，又如除非你能提供符合资助要求的有力证据，否则将收回部分资助。相反，项目资助作为一次性资助，其申请则依设定目标分次进行。十分诡异的是，对于这些项目资助机构，其遵守政策目标的动机要强烈得多。匹配资助是指政府匹配私人资助，也许是一比一等价匹配：机构吸引一定数额的资助，一旦资金到账，政府（或其他捐助者）将会贡献相同数量的资金。也有对个体创作者的私人资助，其资助将用于特定事项。在很多北欧国家，有针对个体艺术家的长期资助，这让他们能够没有任何资金压力地工作，在挪威，一个作家可以像公务员那样受助长达30年。

间接资助是政府通过对那些资助或赞助艺术机构个体免税，而实现对艺术的资助。这种资助方式在美国十分盛行，也在一定程度上为其他国家所采用（如英国），其目的是激励个体、基金会和商业等力量的私人资助。对于应税收入或利润的免税激励了捐助。艺术机构也可以从税务部门那里索回每笔捐助按税率折算的奖励。在英国，礼品捐助方案（gift aid scheme）是这样运行的：比如说，一个人支付20%的税率，捐助一个艺术机构100英镑。按照该方案，税务部门将每笔捐助的1/4支付给该机构，这样的话，该机构共收到125英镑，而捐助者可以免税20英镑。因此，税收部门就贡献了45英镑。在英国，所有艺术和遗产机构皆注册为慈善机构，这样它们就能免除销售税或地方物业税。而其他形式的免税如英国图书业就没有增值税。

2.5.1 直接还是间接资助？

对艺术机构的直接资助能够让它们实现某些政策目标，如提高参与程度。原则上，资助起码可以指向专门目标，同时接受政策制定者的监管，或运用绩效指标监测那些多重目标的项目。资助决策部门能够决定资助谁以及资助多少。相反，间接资助的数量与目标则是政府无法控制的，即便公共资助可以经由免税计划来实施。私人捐助可能喜好某种艺术类型而忽略文化政策试图扶持的其他类型：私人捐助者有着自己的趣味，而商业赞助者可能寻求将自身与艺术机构所表现的特定形象结盟。因此从纳税人的角度来看，尽管间接资助也涉及公共财政，却不受选举出来的政策制定者的控制。

2.6 结论

本章概括描述了文化经济学家研究文化政策的方法。这里提供了文化经济学的基本经济理论，它们涉及艺术、博物馆和其他类型文化资助的合法性以及资助的公共财政维度内容。福利经济学是其合法性的基本理论，即市场无法独自向生产者和消费者释放正确信号时，需要政府或其他集体干预来纠正市场失灵。就此而言，文化政策所回应的是公共产品和外部收益。受助者通过资助，可以超越价格与票房收入等市场信号，提高供给数量与质量。至于这是如何运作的，我们将在下章讨论。

为制定政策起见，我们需要有关公共产品属性与外部性存在及其规模的证据，与此同时，人们发明各种方法来辅助政策制定者以达到所设定的政策目标。这些经济学工具促进了目标决策的理性化，它们并不寻求达成目标或主导政策。关于证据收集的方法，我们将在后面章节讨论——遗产保护方面的条件价值评估法、经济影响研究和成本——收益分析法，我们也将详述节庆和文化集群，分析它们是如何实际运行的。这些实用方法是福利经济学原理的具体应用。

福利经济学多少有些名不副实，它本质上关注的是通过资源配置实现经济效率。当市场无法优化配置资源时，对市场的政策干预能够纠正资源不合理配置，其方法是刺激那些从社会收益角度而言供给不足产品的提供。然而，我们应该注意到，文化政策（如同经济的其他领域）很多方面并非为了提高社会效率，而是争取社会公平，即文化产品与服务分配的公平。如果政策目标是为机会公平起见，让所有儿童都有机会演奏乐器，那么音乐家供给的过剩与效率问题则无关联。事实上，政策常常试图兼顾这两种目标，即探索如何在资助艺术和其他类型文化时，能够强调一种或另外一种目标。文化政策制定者意识到，收入分配是不公平的，那些不太富裕的人将会被排除出艺术的私人与社会收益之外，除非采取措施让他们也能接触文化。这可能不仅仅是资金的问题，教育和社会分层也发挥作用，但是为低收入者和儿童降低价格常常是资助的重要目标之一，其意图在于鼓励参与。

经济学家在文化政策分析中所采用的方法多具有普遍性质，其中很多方法都可以用于其他政策。很多人，特别是艺术界人士，认为艺术与遗产是特殊的。难道艺术分析中所运用的经济学方法不特殊吗？答案恐怕只能是既肯定又否定！作为经济学中一部分，文化经济学论证文化政策的方式与其他政府政策并无二致。因此，我们可以推断，那些关于艺术资助的论证，对于体育、健康、教育及其他事务同样有效，因为那里也有市场失灵现象。其实，艺术对于社会的特殊贡献就立足于外部收益与公共产品特征的概念化。这里不仅要考虑到经济资金收益，而且包括不可衡量的收益，如文化价值收益。

当然，关于文化价值是什么以及重要程度如何将会引发争议，经济学家对此恐怕就爱莫能助了。

有关文化政策的很多话题并未在本章论及，本书后续章节将分析这些话题，如我们将在艺术家劳动力市场（第5章）部分讨论艺术教育政策话题，在广播、音乐、电影（第8章）部分探讨视听政策话题，而在遗产章节（第4章）将讨论遗产名录等其他国际政策问题。本章只是列举评估这些政策的基本经济原理。

延伸阅读

戴维·索罗斯比的《文化政策经济学》（*The Economics of Cultural Policy*）（2010）无疑是经济与文化政策所涉及方方面面的必读著作。他本人编写的《艺术与文化经济学手册》（2011）中有不少章节涉及本章所讨论的具体观点。其他可以参考的文献包括：鲍莫尔与布劳格关于福利经济的论述，伊西多罗·马萨（Isidoro Mazza）有关公共选择的论述，布鲁诺·弗雷有关公共资助的论述，约翰·哈根（John O'Hagan）关于税收优惠的分析，以及詹·斯诺鲍尔（Jen Snowball）关于文化价值的讨论。

第3章
表演艺术

受资助表演艺术成本的日益增长是鲍莫尔（Baumol）和鲍温（Bowen）两人开展研究的触发点，他们的研究不仅为文化经济学提供了方法论基础，而且将文化经济学的边界拓展至艺术政策的政治经济学领域。最终，对于表演艺术——音乐、戏剧等——相关经济问题的研究成了文化经济学研究的核心。

受资助表演艺术成本的日益增长是鲍莫尔（Baumol）和鲍温（Bowen）两人开展研究的触发点，他们的研究不仅为文化经济学提供了方法论基础，而且将文化经济学的边界拓展至艺术政策的政治经济学领域。最终，对于表演艺术——音乐、戏剧等——相关经济问题的研究成了文化经济学研究的核心。尽管表演的本质，以及表演机构从观众和纳税人那里获得的资助在很大程度上并无变化，但是，在过去的五十年中，不论是表演艺术的分析模式还是政策都已经发生了许多变化。当然，表演剧目和产品风格已经发生变化，新技术协助现场表演的同时也对其构成竞争，此外，国家公共财政条件也已改变；但是，我们如今对表演艺术的经济分析却与20世纪60年代基本相同。

3.1 现场演出的经济特征

就其本质而言，现场表演是短暂的：它通常被安排在一个给定的时间和地点，以预定价格进行演出。如果它不能吸引到足够多的观众，那么演出的收入甚至无法覆盖表演所花费的成本。另一方面，即便表演取得了巨大成功，其成功的回报也可能无法立即兑现，因为大多数表演艺术机构都必须提前编排好它们的剧目，有时其跨度是数年，同时关于演员和表演场地的合同也无法在短时间内重新商定。就此而言，某些艺术形式表现得更加缺乏灵活性；例如，歌剧和芭蕾舞通常共享一个舞台，使用舞台进行表演和彩排时需要变更装置，这些必须提前安排好详细的时间表。

3.1.1 产品的成本

从成本角度而言，在演出正式开始之前，一个作品需要经过设计、装台、彩排等程序，这些需要大量的后台工作人员及演员的人力投入。它们是表演的固定成本，可由一定数量的表演场次分摊。如果作品初始准备完成后立即演出，且能在下一个演出季复排的话，那么其平均成本（所有演出固定成本的平均数）可由一个较长的时间段来分摊。一旦演出全部结束，如果这些投入无法在其他地方重复使用，那么这些固定成本就会变为沉没成本，然而，有些支出是可以重复使用的，例如由剧场提供的服装或道具，或乐队的乐器。它们同样也是上演一场表演所需的成本，即边际成本。每一个作品的每一场演出，其边际成本很可能是固定的，因此随着作品演出场次的增加，平均成本逐渐降低。

场地成本是表演艺术成本的另一个特点。一般大型艺术机构通常拥有自己的演出场地，它们通常在此演出或者外出巡演一段时间。当它们不需要场地时，它们可能会将场地租给其他艺术机构使用以赚取租金。在欧洲大陆，每逢演出季来临，每个城市的公有剧院都被用于多种艺术形式的演出——话剧、音乐剧、歌剧、舞蹈、管弦乐演奏等等，这是一种常见的现象。另一方面，伦敦和纽约有很多剧院用于出租，并且它们会为热门节目提供“加场（overflow facilities）”，即将它们从原来的场地转移到伦敦西区或百老汇，从而能从扩大演出轮次中获取更多收益。然而，这种情形只在音乐剧和话剧中较为常见，至于其他表演艺术则难得一见。大量场地的存在也使得国内外巡演团体能够找到演出场所。在大型的演出中心通常也有排练场地可供出租。无论一个艺术机构是否拥有自己的表演和排练场地，实际或估算的租金（imputed rent）都是一项固定成本。

劳动力成本一直被视为演出的主要成本；然而，艺术形式不同，劳动力成本所占比例也会千差万别。如交响乐团，支付给音乐家的费用在总成本中占很大比例。不同类型乐队的合约安排方式也有区别：一些大型的世界著名乐队都是自治性联合体，而其他乐队的乐手通常只是长期或短期聘用式雇员。在大型音乐中心，常常有各种从人才库中挑选出来的乐手组成临时乐队和合唱团，他们承担着各种工作，同样的道理，如果表演需要不常见的乐器或大量相同乐器，那么乐队可以雇用特定乐器演奏家，或者寻找自由乐手（或从其他乐队借用）以满足这些需求。上述不同安排都会影响演出成本。然而，对于戏剧演出而言，相较于台上的表演人员，每场演出可能还会有更多的幕后工作人员，例如舞台监督、灯光、声音和舞台布景操作等等，这还不包括导演、设计师、化妆师等——他们是一场演出准备就绪的必备要素。

3.2 表演艺术的需求

一个商品或服务的需求取决于其价格，而产品销售给消费者获得的收入则是生产者的收入。因此，定价和收入如同硬币的两面。观众构成和消费者支出是消费者个人需求决策的结果，它表明了消费者喜好不同类型表演艺术的程度。如果收入低于产品成本，那么就需要有某些形式的干预来维持供给，正因如此，“传统”艺术表演通常由国家资助。

3.2.1 定价和收入

许多表演场所实行差别定价的策略，即根据座位区域不同收取不同的价格，也常为儿童、老人和其他类型观众提供更低的价格。差别定价是一场演出通过销售门票实现利润最大化的一种途径。在有些情况下，演出季套票（a season subscription）允许观众观看给定数量的演出；在欧洲其他国家，这种将差别定价策略引入套票的做法可谓司空见惯，但是在英国却很难奏效。

差别定价必须满足以下几个条件：在实践方面，它必须能够将购买低价票的观众与购买高价票的观众分离，而这通过分配场地座位号码就已经做到了，此外它可以通过识别不同人群，例如通过年龄差别来实现。只有垄断性供应商才能实施差别定价，即艺术团体独家提供特定演出。在经济方面，观众还必须具有不同的支付意愿（WTP），而且他们对价格的反应也有所区别，或“需求弹性”有所不同。需求弹性衡量的是价格发生一定比率的变化时，购票数量发生变化的比率：如果它们百分比相等，那么需求弹性系数等于-1（比率为负是由于在价格和需求量之间存在着反向关系），也就是说，价格和购买量的变化将不会带来收入结果的变化。那些强烈渴望观看演出的观众，愿意为此支付更高的价格。如果价格提高了，卖出的演出票数量可能就会减少，但是减少量相对低于增加的票价（因此票价每增长10%可能导致销量降低5%，弹性指数为-0.5）：这就被称为非弹性需求，一旦出现这一情况，提高票价就能使收入提高。相反的情况是弹性需求，此时消费者对价格上涨所反映出来的需求弹性系数大于1（即票价每增长10%可能导致销量下降15%，弹性指数为-1.5），并且其最终收入也将有所下降。有关表演艺术需求弹性系数的测量表明，它们通常是相对缺乏弹性的，因此如果表演艺术组织想要增加收入，那么它们可以通过提升票价来实现。现在又回到差别定价这个问题上，实现利润最大化的条件是观众对不同价格拥有不同的需求弹性。这些特征可以归结成表演艺术需求表，表演艺术机构管理者应该预估消费者对不同价格的需求反应以获取最大的利润。

但是，差别定价不仅仅是从观众那里获取最大利润，它还能够提供低价票以便那些并不富裕的艺术爱好者也能观看演出，从而与富裕的艺术爱好者形成有效的交叉补贴。除了价格弹性以外，经济学家还指出收入弹性——从收入变化上看消费者需求反应（购买演出票的数量）的变化。人们已经发现，一般来说，表演艺术的观看需求受收入弹性影响，即经济收入的增长使得消费者拥有更强的消费能力与更高的支付意愿。当然，正如鲍莫尔成本病理论所述，收入增加同样意味着工资增长，所以产品成本也将上涨，而这也促使价格的上升，因此其整体影响是复杂的。

3.2.2 品位和需求

每个人对艺术的潜在需求来源于他们自身对艺术的品位。对于经济学家而言，品位的形成是一个难题，他们深知品位对消费者支付意愿和参与度的影响，但是其所运用的理论模型都建立于品位既定的假设之上。这使得文化经济学研究面临更多困难，目前针对这一难题的研究寥寥无几，只能将这一难题留给心理学家和营销专家来解决。也就是说，品位在某些方面可以从经济角度来理解：第一，艺术，尤其是更为深奥的（“高雅”）艺术是体验性产品，这意味着人们通过理解以及亲身体验而获得强烈的愉悦感，他们的品位才能形成；第二，提升品位需要投入更多的时间和经验，而这颇为昂贵。

拥有高雅品位的人可能拥有更强的支付意愿和较低的需求弹性。在实践中，我们很难从受众需求表中辨别价格弹性组合、收入弹性和品位的强度。另一种方法是分析观众的社会经济特征等身份信息。

3.2.3 观众身份

艺术机构为了市场营销目的开展受众调查，艺术委员会和政府机构，尤其是那些与文化行政部门有密切联系的机构，也渐渐开始定期开展艺术参与研究，调查包括不同艺术类型参与程度在内的各类问题。参与研究要询问某个人口（而不仅仅是观众）样本中的每个个体，问他们在过去一年里是否观看过演出或参观过博物馆等，并调查他们的观看或参观频率。这些调查表明，那些受资助艺术表演的观众，往往是比全社会人口平均水平更为年长、拥有更高的收入和教育水平的人；歌剧和芭蕾舞参与度最低，其次是古典音乐表演、戏剧、音乐剧和爵士乐。在有些国家，电影被看作是一种表演艺术，它往往能吸引最多的观众。

3.2.4 消费支出

艺术活动的受众参与度在另一个方面体现在消费者（观众）花费上。在国民经济中，各式各样产品和服务的消费支出都经由官方统计予以测量，尽管它们通常不会被划分为表演艺术（它们常常被划分成这样一些类别，如“艺术文化、娱乐和体育”）如此具体的类别。有时，艺术委员会也发布一些分类数据：例如美国国家艺术基金会就公布了消费者用于表演艺术的开支。消费者支出是消费者评估艺术价值的经济学标准。

3.2.5 补贴和价格

对表演艺术补贴的目的之一，就是通过维持低于其原本的市场价格来养成品位及提升参与度。文化经济学家的研究一直试图说服艺术资助机构，除非是针对新受众的补助，否则补助只是替那些业已参与艺术的富有者降低价格而已。如今文化政策更加注重争取更多新受众，资助机构也为吸引新观众提供特殊资助（或从那些没有达到预期目标的表演艺术机构收回一定比例的补助）。

3.3 补贴和表演艺术

文化经济学有关表演艺术的研究大多数都是针对那些获得公共资助的机构。那些按照“一臂之距”原则运作的资助决策机构，如艺术委员会或艺术基金会，其决定是否拨款给一个独立艺术机构的根据通常是，它们的经营规划及预计成本和收入。一些机构已经接受了一定时间的资助（例如3年），那么它们就能够提前计划，开始雇用艺术工作者和表演者等；其他一些机构则由于某项活动或产品获得项目资助。众所周知，大型的国家“旗舰型”艺术机构——国家交响乐团、歌剧、芭蕾或剧院——都会得到经常性资助，尽管它们获得资助的数额会根据国家总体财政状况而有所不同，但是毫无疑问它们未来还会持续获得资助。它们通常占全部资助预算的很大比重，并且由于这些机构大多位于首都，因此它们常常能获得最大的一份资助。不可避免的是，项目资助只能是那些经常性资助所剩余的资金，因此，人们普遍认为，政府对新兴艺术机构或地方性艺术机构的补助不足。[1]人们进而认为，将目光集中在那些成熟艺术机构不利于促进艺术创新及新作品的问世。

然而，新作品往往拥有较低的观众规模，如果不给它们补助，艺术机构常常无法独自承担这种风险。而有关德国剧院的研究已经表明，它们常常通过在预算中计提亏损，以获得额外的资金补助，此外，尽管新作品的演出并不受观众欢迎，但是它们能够提升艺术总监的声誉。

3.3.1 新作品的资助

鼓励艺术创新和养成欣赏新作品的品位通常是艺术和文化政策的目标之

一，因此政府除了资助艺术团体，也会设立专门资金以支持作曲家、剧作家、编导和哑剧表演家等艺术工作者独立，或者与那些有意演出该作品的机构共同创作新作品。资助一方面必须足够支付创作者的费用，他们也有可能参与到作品的准备或演出过程中，另一方面必须足够支付艺术机构的生产成本，因为新的作品往往需要进行更多的排练；此外，票房收入较低提高了新作品的经济成本。

3.3.2 一次性资助的经济效益

资助常常是通过一次付清的形式来发放的，即在一定时期内根据其商业计划给予艺术机构一定额度的资金。它与该计划的成功与否无关，而且资助机构也不可能介入艺术事务。从经济角度而言，资助覆盖了艺术机构经营的固定成本，从而使其能够依据演出的边际成本制定票价。由于表演艺术的固定成本较高，其平均成本很可能高于边际成本，因此根据边际成本定价将会造成损失：这就是一次性资助所要避免的。资助的影响程度取决于需求的价格弹性；如果需求具有弹性，那么相较于需求缺乏弹性而言，较低的价格会提高观众参与度。如果演出的边际成本很高（如一场演出或一个大型乐队的巨额投入），那么一次性资助将不会改变观众参与度或影响演出票价。

针对于内部决策的研究很少，例如关于艺术机构如何使用其获得的资助，是否降低演出的所有票价或只是降低部分场次的票价，或上演新的或小众化作品。如前所述，一定比例的资助可能会被用于特定目的，如促进新观众参与，但是如果没有达到目的，这笔资助会被收回。然而从总体上看，一旦资助拨付出去，资助机构似乎难以控制这笔拨款的使用细节。

3.4 衡量补贴的有效性

国家艺术资助的早期（大致来说，从第二次世界大战后一直到20世纪80年代），资助机构坚信“它们知道”其资助政策的结果。如今经济学家和其他社会科学家开始质疑这一立场，并已经研究资助在不同艺术形式及地域之间的分配。然而，有关资助效率的衡量方式还相对粗糙，如今更复杂的绩效指标已经开发出来，或者直接从其他公共支出领域借用。

3.4.1 绩效指标

“绩效指标”是根据预期结果评估某种行为或活动之方法的统称。它是根据其预期目标评估一个组织的效率或效果的一种方式。它可能涉及成本的比较，但成本并非唯一目标：例如，对于健康支出而言，其绩效指标是生活质量。指标的制定必须考虑到这些资助机构和受助组织的目标。绩效指标使得资助机构能够在类似组织之间比较，并为它们之间的相对效率提供了一个有效指标。一个更复杂的做法是，通过寻找到最佳案例或成本效率最高的组织，然后将其他机构与之比较。

在表演艺术中，最简单的绩效指标就是卖出的座位数或上座率。观众席的销售数量很难证明效率，而上座率只能证明其吸引观众到场的能力：100座音乐厅的所有座位全部卖出，这表明如果有200个座位，它还能卖出更多。但是我们不能就此错误地推断（事实上我们经常如此），比如说一年里售出座位数等于其观众数，因为观众调查表明，观众在一年里多次观看演出的现象十分普遍。另一个指标是新作品数量或新作品上演的场次，而这能够体现该机构的创意能力。

一种与财务数据相关的衡量标准是经营收入与非经营收入（unearned revenue）的比率，这能告知资助机构其资助款项对受助机构总体收入的贡献程度，以及艺术机构产品营销的成效。然而，这是一把双刃剑：资助机构既能因为该艺术机构做出努力而予以资助，也可将其视为该艺术机构无需如此大额度资助的指标。关于欧洲国有或国营艺术机构的资助，人们注意到，这些国家的艺术机构没有动力去增加销售，因为所有收入通常都转化为公共预算。每个国家的财政资助与自营收入之间的比率有着天壤之别：2000年，荷兰艺术表演团体大约85%的资金预算都来自于政府资助，相比之下，英国表演艺术团体得到的政府资助则不到其预算的一半。

英国艺术委员会评估其经常性资助艺术机构的一种方法就是观众人均资助额度，其中的资助包括英国艺术委员会、地方政府及其他公共资助：每一个机构的人均资助比率均按艺术形式予以公开，这样就可以在不同的艺术形式，比如说舞蹈与戏剧之间进行比较。

3.4.2 质量

在文化经济学领域，质量问题的出现一定程度上是鲍莫尔理论的结果，因为按其成本病理论，如果没有某种形式的资金支持，表演艺术只能挣扎求生，这就不可避免地会出现“艺术赤字（artistic deficit）”现象。生产高质量艺术作品是文化政策的目的之一，同时这也是资助的原因所在。然而，对于资助机构而言评估艺术作品的质量十分困难。艺术委员会通常由专家小组就艺术质量提供建议，但是在没有客观标准的前提下，想就某个艺术机构的质量问题达成一致则绝非易事。其实，这就是一个棘手的信息不对称问题：一些文化经济学家提出了几个与质量相关可测量的属性，例如作品演出场次、风格、标题、作者、产品的技术专家以及评论家对演出是否成功的评判等。但是，被评定为最后一名的艺术机构会持不同意见或完全反对。质量评定不可能完全依照客观标准，但同时，艺术委员会应当意识到，在给艺术机构分配公共资金时必须考虑到质量问题。当然，质量评价的另外一种有效方法就是以用脚投票的方式所显示出来的观众反应。

3.4.3 供给方补贴VS消费券

一些文化经济学家认为，艺术机构绩效评估的问题就在于，公共资金分配政策是通过艺术委员会资助艺术供给方。如果资助对象是那些想要观看却无力支付的观众，那么与评估艺术机构之资助效果相关的信息不对称问题就自然迎刃而解。向新观众普及艺术的目标，可以通过给潜在观众提供消费券的方式来实现，即向那些可证实的低收入潜在观众，如领取失业保险救助金的人发放消费券。消费券可以在许多艺术场所使用，如何选择则由接受者自行决定，这样消费者就主动了解上演剧目等信息，进而形成艺术品位。然后，艺术机构就可以将消费券从资助机构那里赎回。当然，这个方案也有很多问题，如辨别合格的消费券接受者将产生巨额交易成本，阻止消费者转售消费券也是困难重重。

荷兰已经有一个成功的案例，该计划给在校孩子提供一定数量的、与其艺术教育课程相关的参观券；当然，有些孩子已经在家长的带领下观看了表演及其他活动，但是，该计划促使他们思考并选择，而且该计划的参与程度相当高。

3.5 具体表演艺术的经济特征

虽然不同形式表演艺术在经济特征方面有很多相同之处，但是它们在定价、收入和成本以及从公共财政那里获得资助的数额方面却不尽相同，这是个颇有争议的话题。下面我们就此展开分析。

3.5.1 歌剧和芭蕾

歌剧和芭蕾有着共生性质的联系，它们共享舞台、乐队甚至是相同的管理；这反映了两种艺术形式之间的历史联系，芭蕾是从歌剧中分离出来并逐渐独立的表演艺术。虽然两者之间存在差异，但是它们呈现出非常相似的经济特征。两者都需要有大型舞台、配有乐池的剧场、大量的后台工作人员和表演者，此外，在一些经典剧目的表演中，歌剧需要合唱队，而芭蕾舞则需要群舞。如果想要邀请国际知名独唱家来扮演领唱（或领舞）角色（这种情形在歌剧中更为常见），必须提前好几年预定，因此这需要对剧目进行长期规划以及足够的资金保障。尽管新作品已创作完成并且上演了，但是一个演出季大部分的演出还是那些成名且受欢迎的作品。一些歌剧院采用剧目制，即在整个演出季中，不同的歌剧和芭蕾舞节目交替演出；其他国家，特别是在意大利，则采用季节制，即一个作品排练完后表演一定次数，然后再改换成另一个演出节目；因此，剧院会有一段空档期。这两种制度经常被结合在一起，因此就需要有额外的排练场地。这些操作实践与艺术要求，使得歌剧与芭蕾舞相较于其他艺术形式需要花费更高的成本，因此它们相对获得了最高额的补贴（芭蕾舞表演低于歌剧）。即使票价已经非常高，但是由于许多传统的歌剧院座位数有限，使其难以获得更多经营收入。然而，受众参与数据表明，它们是大众化程度最低的艺术形式，但是它们却获得大量的资助，这引发诸多非议。

近年来，歌剧和芭蕾舞开始从场地束缚中解放出来，随着数字传输技术的引入，现场表演能够实时传输到世界各地的影院。这种方法的领军者是纽约大都会歌剧院，该剧院于2006年发起实时高清计划（The MetLive in HD），并得到了多个基金会的资助，如今，有报道称它已经自筹经费并实现盈利。其他几个国际性歌剧院也在歌剧和芭蕾舞方面开始纷纷效仿。[2]这些演出已被证明大受欢迎，同时也大大增强了歌剧和芭蕾舞演出的观众参与度。

3.5.2 现代舞

现代舞也是接受公共资助的一种艺术形式；它与芭蕾舞有许多共同的经济特征，尽管它常常不需要有一个场所，至少不需要歌剧院。大型公司可能会使用现场音乐，小型公司则使用录制的音乐。就它们聘请的舞者数量而言，每个公司都大不相同，其工资很可能在演出成本中占很大比重。有关受众参与研究表明，舞蹈相对来说更受欢迎。

3.5.3 戏剧

话剧与歌剧和芭蕾舞有一些相同的特征，但是它不需要大量的艺术工作者，并且对场地要求也不高。大型国家级剧院一般都有驻场演员，另外还有一些“明星”演员作为领衔主演；在英国，有些公司同时运营几个剧目，并且在多个舞台同时表演，甚至一个作品能在一周内演出八次。地方性剧院则被称为“常备剧目制剧院（reps)”，因为它们采用剧目制。在英国，观看戏剧比较流行，虽然在其他国家并非如此；因此英国的戏剧演出比歌剧和芭蕾舞演出获得的公共资助更少。在英国，话剧的自营收入与政府资助比例相对较高，其中大概一半的资助来自地方政府。如今，在电影院“实时”直播戏剧表演已经成型且流行开来。

3.5.4 现场音乐表演

在表演艺术领域，研究最多的艺术形式是管弦乐队。在某些方面，交响乐团是成本病的典型案例：它们是高度劳动密集型艺术，其中人力是其最大的开支。正如歌剧和芭蕾舞表演中有明星一样，顶级演奏家也组成了一个国际性劳动力市场，有些演奏家，包括指挥家，被归为超级明星这一类。还有许多小型乐团和合唱团——专业性乐团，如那些表演巴洛克合奏曲目的乐团，以及表演从爵士到弦乐四重奏的多种风格与剧目的合唱团。为特定项目或系列表演组成的临时合唱团多由自由职业者构成，只有那些较大的交响乐团才会经常性雇用演奏者。近来，不少国家现场古典音乐会的观众不断下滑，这意味着它们需要寻找更多的资助和赞助作为收入来源；许多乐队现在有了自己的唱片商标，这使得它们能够获得自己唱片的利润分成。一些新的音乐团体也开始销售自己的唱片，并以此补充收入与宣传推广。

3.6 结论

本章讨论的是那些已经在文化经济学领域有所研究的、接受资助的表演艺术形式。对商业表演艺术，如马戏团、音乐剧和流行音乐会也有零星研究：事实上，这些艺术形式也会在个别国家获得公共资助。无论是百老汇、伦敦西区，还是其他地方，商业化推广的音乐剧，显示出了歌剧所有的经济特点，更不要说其创作非常复杂且昂贵。在艺术节中表演艺术非常重要，因此第9章会进一步讨论。

受助表演艺术机构通常是非营利组织，其目标并不是为了追求利润最大化，而是诸如让艺术更普及等目标，这些机构除去成本之外多余的收入将会被用于再投资。事实上，许多机构不能没有资助，它们接受资助表明其收入无法覆盖成本。一些经济学家认为，资助使艺术机构缺乏降低成本或增加收入的动机，从而认为增加资助只会造成更高的开支。成本病理论解释了表演艺术成本相对较高的原因，但是其理论本身并不能作为资助的理由；它只是解释了为什么需要提高艺术质量和推动艺术普及。资助的金额和分配方式非常重要，其原因是：资助机构给其客户提供的资助在数量及其地域方面的差异反映了“啄食顺序（pecking order)”及重要程度；我们可以将其与其他数据结合起来，作为绩效指标。

新技术为一些规模更大、知名度更高的表演艺术机构提供了更多的机会，它们可以通过将演出传输给剧院和音乐厅物理空间之外的观众以赚取收入，虽然在表演准备过程中有大量的额外沉没成本，而且国际竞争非常激烈。互联网也使艺术机构能够提供更多有关自身的信息，这也有助于艺术品位的养成；此外它还为小规模艺术团体提供了颇为有效的众筹机会。

就其涉及内容而言，鲍莫尔和鲍温（1966）的著作仍然具有阅读价值：虽然那些经验数据已经过时，但是该著作体现了他们如何将理论与论据结合起来。针对鲍莫尔成本病理论，詹姆斯·海伦布尔（James Heilbrun）（2011）提出了直接的解决方案。默文·泰勒斯（Mervi Taalas）（2011）沿着鲍莫尔和鲍恩的足迹继续研究产品成本问题。迈克尔·拉什顿（Michael Rushton）（2011）解释了艺术定价的复杂性，迪克·纳泽（Dick Netzer）（2011）对非营利组织的经济学特征做了专业的分析。丹尼尔·尤路汀格（Daniel Urrutiaguer）（2011）则对戏剧的文化经济学做了很好的调研。

注释

1 那是过去的情形，2008—2009年各地区的人均资助数据则表明，伦敦地区获得补贴低于其他几个地区。但是，这些数据很容易受上座率变化的影响：低于预期的上座率可以提高比率。有关详情可以搜索HTTP://www.artscouncil.org.uk/media/uploads/regularly_funded_organisations_2008-09_key_data.pdf。

2 在我写这本书的时候，英国皇家芭蕾舞团宣布其2013年演出的《胡桃夹子》将会在一千家影院直播。

第4章

博物馆和建筑遗产

长久以来，文化经济学家们对博物馆经济问题有着浓厚的兴趣。很多对建筑遗产的分析也适用于自然遗产，并且大部分是与环境经济学相联系的（但文化经济学也主张将公园和花园归入“建筑遗产”之下）。

长久以来，文化经济学家们对博物馆经济问题有着浓厚的兴趣；事实上，其中最早的一篇关于美术馆[1]文章的作者是莱昂纳尔·罗宾（Lionel Robbins），伦敦经济学院著名的经济学教授，同时也是伦敦国家美术馆（还包括皇家剧院以及其他一些英国主要机构）的董事会主席。该文章的主题是国有博物馆是否应免费开放，而这一问题也正是英国以及其他国家在20世纪60年代初期反复出现的问题。在本章中，这一政策的利弊不仅涉及文化经济学的核心概念，例如公共产品、支付意愿（WTP）、需求弹性以及边际成本定价等，而且这些概念同样也适用于其他领域的文化遗产，比如建筑遗产。建筑遗产可以指任何事物，从一个简单的建筑物到一座大厦，从远古的巨石阵到最新的纪念性建筑，甚至是一整座“遗产”城市，就像威尼斯以及印度卡塔赫纳。很多对建筑遗产的分析也适用于自然遗产，并且大部分是与环境经济学相联系的（但文化经济学也主张将公园和花园归入“建筑遗产”之下）。在本章中，基于文化经济学自身方法的考虑，我们将博物馆与建筑遗产都作为“遗产”来讨论。

4.1 遗产的供给

不同于创意经济的其他领域，大多数遗产的供给是出于其他目的，而不是为了建成一个博物馆或吸引游客。一个博物馆的收藏品有着众多的来源，并且每项收藏品的价值是由专业的考古学家、人类学家和艺术专家评估过的。同样地，对于一个建筑而言，它的重要性也是由专家指定的，专家们把它列在名单上是因为他们认为这座建筑值得特殊保护。这些专家的指定决定了遗产物的存量以及什么样的建筑可供游客参观。经济学家们将这种情况称之为供给者诱导需求，即消费者的购买行为取决于具有信息优势的专业供给者。遗产物品的供应链由遗产的保护、研究服务和展示展览以及为参观者所提供的环境等一系列因素组成。通过展览、标记、引导和其他设施的大量投入，以及应用现代数字技术对游客进行参观讲解，使得参观过程变得更具吸引力和教育意义。而这些服务包括了资源的使用并取决于提供它们所花费的成本，因此遗产的供应取决于非经济因素和经济因素的混合作用，且其组成部分既包括存量的物品又包含流动的服务。

博物馆中的藏品存放于一些建筑中，而通常这些建筑本身也会被当作遗产来保护；从被知名的建筑家专门设计建造的博物馆到著名作家住过的小木屋，都在其范围之内。许多美国和英国的博物馆由公债发行或私人捐赠方式提供资金支持，其他博物馆则由国家资助。因此，博物馆可能由国家、地方政府或者基金会拥有，虽然部分博物馆乃私人为营利目的所有，但大部分都以非营利组织模式运作。同样地，那些被指定值得保护的建筑物的所有权既存在公有也存在私有，而且当这些建筑物是住所或办公室的情况下，甚至可能不会对公众开放。

4.1.1 公共产品和外部收益

遗产有着外部收益和公共产品的特征。这种来自于文化遗产私人消费上的外部收益，是通过人们与未参观文化遗产的同胞分享其对某个民族共同身份及不同群体文化差异的理解而实现的。此外，遗产物的特征使其具有很强的公共产品特点，即具有经济学意义上的非竞争性和非排他性：博物馆内的藏品以及像威尼斯城一样的城市建筑并不会因为参观人数增加而减少。当然，游客的体验最终还是要受制于因拥挤而导致的竞争。尽管非排他性并不适用于博物馆或可供参观的古宅（指英国对于乡村别墅的称谓），因为它们能够向参观者收取门票，但向威尼斯城的游客们收费是很难实现的（尽管这一观点已经被提出来了），因此游览这类城市是一种公共产品。

与此同时，尽管对游客收取了门票，但这并没有获取其完全外部效益，并且我们不能对公共产品进行收费。对于遗产的文化价值，不仅那些付费或免费的参观者有所理解，就是那些愿意将税款花费在遗产上并且没有参观的公民也可能有所理解。文化价值既有私人维度也有公共维度，这也就提出了一个问题，即应从公共资助中为遗产划拨出多少预算给遗产组织。

4.2 遗产的融资

这些外部效益和公共产品特征的存在意味着，有理由为博物馆和建筑遗产提供公共财政拨款。公有制也是有历史原因的：许多博物馆的藏品以及遗产物，例如以前的宫殿和诸如此类的文物都是归国家所有，因为它们是由以前的君主或贵族所建造的。因此，为博物馆建筑及其藏品的筹资以及对其他公有遗产物的资助任务就落在了公共财政肩上。藏品和古代宅院可能是由个人捐赠的，并且近来这种捐赠都会享受政府税收减免政策方面的益处，例如遗产税的减免，这实际上是一种间接补贴政策。在一些国家，为了达到管理的目标，博物馆会依托于基金会或者信托组织进行“私有化”，但与此同时它们仍会得到政府的资助，这种类似的安排也适用于遗产景区和建筑。在筹资上，从公共资助到私有赞助，其间的方式有多种。除了为当代人提供有关遗产服务之外，政府也有责任为我们的后人保护现存的遗产。尽管当代人有权利表达他们的支付意愿（WTP），但我们的后代却不能表达他们的意愿。因此我们必须要对（在遗产上）花费多少支出的这个问题做出政治决断，而这个判断必须依赖于那些有着夸大需求量动机的专家们的建议。文化经济学家们已经指出，后代人相比现代人而言会更富有，因此其在文化遗产上的消费也会更多，而且因为我们并不能得知后人的喜好和品位，所以我们很难确定他们会选择保存哪些物品。这也经常导致了馆长们和专家为了“安全起见”而采取一种“批发式”的方法——保存一切。而这种方式对于经济学家而言，也就是罗斯金（Ruskin）口中的“忧郁的科学家”们，必然会认为应该根据预算来选择。这些选择还包括保存现存的藏品与通过收购更新藏品之间的权衡。

考虑到遗产筹资极有可能涉及国家，文化经济学家们通常会使用条件价值评估法来研究纳税人愿意为文化遗产承担多少税费这一问题。

4.2.1　条件价值评估法（CV）

条件价值评估法（CV）可以衡量两组支付意愿（WTP）：作为游客的参与者和不是游客的参与者。未参与者愿意为保护遗产而付费，既是因为外部效益得到普遍的认可，也因为他们可能希望在未来能够参观更多的遗产（也就是所谓选择需求）。参观者的支付意愿可以从他们购买门票的行为中体现出来，也就是通过需求体现他们的私人收益（但在门票免费情况下不太可能实现）。非参与者的支付意愿也有很重要的意义，因为它向政府显示了这些非参与者们愿意通过纳税的方式支持遗产事业。

条件价值评估法是通过调查者采用面谈的方式来实施的，调查者会向人们询问他们愿意为一个具体项目支付多少费用，例如大教堂的保护项目，当然该项目有一个估算成本。因为估算成本的存在，调查者会为参与调查的人提供足够多的信息以便其做出一个明智的决策。这项调查也涉及了被调查者多方面的社会经济学特征，例如年龄、职业等等，使得调查样本能与整体人口特征相匹配，这些随后将汇总出结果以反映整体的支付意愿。在调查过程中，调查对象被告知了机会成本的存在，即涉及这些金钱可以用于别处，也就是说，这些钱也可以用来修建学校，以便参与调查的数量和有效选择能够更加真实。这种做法也就使得这项研究可能会更加具有“条件性（contingent)”。

研究者们都清楚地认识到这种研究中存在着明显的障碍：比如人们说愿意支付但实际上未必会真的付出金钱，他们有可能夸大了自己的选择倾向，甚至可能都不了解被问及的事物，所以其回答也言不由衷。此外，这种调查实施起来非常昂贵，并且也不能用于每一个决定。在衡量遗产景区支付意愿这一问题上，其他一些更为客观的方法已经被开发了出来，比如旅行成本分析——通过向一项设施的真实用户询问其旅行的起点，从而使得调查者们能够计算出他们在旅途中的成本，并以此来代替他们在旅行上的花费。旅行成本分析存在的一个问题就是通常旅行会涉及不止一次的游览，并且如果游客在度假期间，他们有可能会游览多地，所以其旅行成本很难分配到单个项目上。这些测量上的问题造成了一种困境——即基于一些必要的信息来决策，即使这些信息存在缺陷，或我们是否心满意足地将所有此类选择留给政客们或者遗产管理者们。文化经济学家无法对此作答，我们的任务就是试着为决策去完善数据。

4.2.2 博物馆的门票和其他收入来源

公有博物馆是否应该收取门票已经成为了一个公共问题，这项问题酝酿了50多年——至少在英国是这样，并且其他地方也有此类问题。大部分博物馆建筑本身的设计使其收取门票变得十分容易——一个十字转门或者其他屏障就可以阻止没有购票的游客进入。但问题是在近观那些藏品时是否应该免费，这是一个规范的问题。在关于反对收费的争论上有几种经济学论点：其中一个观点认为既然这些藏品已经存在（一种“历史性”的成本）并且具有非竞争性，而门票价格则无经济功能可言，这说明收藏品是一种早已被投资过的固定资产，因此收取门票不会对它造成影响。与这种观点相反的是，经济学家们会争辩说，从门票得到的收入能够用来改善展览设施、提供附加服务等等以增强参观者的体验，而其边际成本能够从售票收入中得到补偿。此外，当存在拥挤情况时，非竞争性的论点就不再适用了，并且在高峰期门票还能使参观者数量趋于合理。博物馆的教育性目标可以通过对儿童和学生免费的方式来实现。

另一种反驳收费合法性的观点认为，收藏品被赠与国家就是为了能够使所有的公民都能够欣赏，因此通过收费来限制进入的方式辜负了捐赠者的信任。这一观点的问题在于为了保存这些收藏品和提高展览质量，需要在这些收藏品上投入资金，因此，除非捐赠者同时也捐献了相应资金来资助上述事务，否则博物馆必须为那些服务支付费用。美国的博物馆已经十分清楚地意识到了这个问题，因此，它们对是否接受那些没有办法获得维护的捐赠物常犹豫不决。许多博物馆都采用了自愿捐赠来代替门票费用或者当作其补充。原则上，参观者对体验价值的感知决定了他们捐助的意愿。人们通常有两种自愿捐赠的方式：一种是在参观时将钱放到博物馆提供的盒子里，另一种是为博物馆捐赠一整笔资金（如果政府有相应政策的话，这种方式还会享受税收减免）。有些观点认为，采用这种将票价设置成一种鼓励赠与的方式比单纯地收取门票要更好一些。博物馆也会为会员“之友”提供免费参观展览的服务以及其他如新闻简讯等服务。然而，许多游客都是搭便车者，在感受不到管理者那种难以承受的压力的情况下，他们并不会捐赠。

在荷兰有一种针对于国有博物馆系统的参观卡，参观者购买了这种卡就能够在一年之内进入到任何国有博物馆参观（收费）。这种方案的优点是能够鼓励人们去参观那些他们可能不愿付门票的博物馆，但这种方案也存在缺陷，即游客会“低估”受欢迎的博物馆的参观价值。

总体而言，我们可以说大多数博物馆的资金来源于私人和公共财政支出的混合。即使收取门票的博物馆也不可能仅仅依靠这一项收入来源。博物馆除了直接为参观者提供展览和信息等服务以外，购买新文物以提高藏品质量，研究、修复和编目都需要专业技术，并且这些服务是劳动密集型的。虽然门票收入能够大体上覆盖每次参观所产生的边际成本，但长期的运营成本更有可能从公共财政中得到补贴。

4.2.3 馆藏清理

博物馆馆长的“收藏癖”行为是文化经济学家们讨论的一个有争议的话题，即他们不断地扩充自己馆内的藏品而不愿出售（或交换）即便是储藏的物品。经济学家们提出博物馆可以通过卖掉“不需要的”物品来获得收入，并把这项收入用来购买新的收藏品和用于其他功能。他们认为这种储藏是一种资源的浪费，而这种浪费的原因就在于，博物馆管理者没有重视收藏品在财务上的价值，也没有资助机构迫使他们去做这件事情。博物馆管理者们则认为，一件收藏品不能像经济学家所说的那样去估值的，虽然单个物品可以像拍卖中的指导价一样大体估算一个价位用于出售，但对整体的收藏品做出精确的估值是很难做到的。他们的观点是博物馆管理者们应该了解每一个物品的潜在市场价格以及把它们储存起来的“机会成本”。在一个博物馆没有价值的作品，可能在其他博物馆会在文化和经济价值上给予很高的估价。馆长们则反驳道，这些收藏品在他们的博物馆是有价值的，尽管它们没有被展出，但人们的品位时常会变化（至少专家的是这样），所以当这些被储藏的物品变得非常流行时它就值得展出了。此外，文物的市场流通并不是十分自由，因为许多国家文物出口有法律的保护，以防止重要文物在国外被出售。

4.2.4 特别展览

许多博物馆会提供特别展览，这类展览可能是基于它们自己的藏品或者其他博物馆的私人藏品而举办的。它们通常会持续有限的一段时间并且很可能会收费，即使是免费博物馆也同样如此。其中的一些特别展览被称为“重磅展览（block busters）”，因为它们吸引了相当多数量的游客前来参观，并且尽管博物馆需要付费举办展览或租用一场现成的展览，但其高票价还是为博物馆带来了一笔可观的收入。

4.2.5 建筑遗产的门票

建筑遗产机构面临着与博物馆相似的问题。对于那些收费可行的财产而言，游客们只能购票否则就会被排除在外。然而，进入其他一些文物景点时，只有在禁入措施可行的情况下才有可能去收取门票费，例如安装栅栏等，并且这还要取决于考虑成本前提下潜在付费游客的需求量。巨石阵是一个关于政策变化的著名案例：它对公众免费开放了许多年，直至其变成热门景点，过多游客所带来损坏的风险，迫使管理者开始收取门票。

许多“在编”（受到保护的）遗产建筑都是私有财产且正在使用，这也使得要求其对公众开放变得十分困难。但因为这些建筑遗产值得为后代人保存下来，所以我们会使用一些法律规定以避免它们的遗产价值因拆迁或变更而受损。虽然这是一种对产权所有人的干涉行为，但通常都会拿出公共财政资金来补偿所有者，并且确保建筑物根据专家设定的条款得到了很好的保护。对于一些建筑遗产而言，只有在获得条件授权的情况下，游客才能被允许（有限制的）进入参观。

4.2.6 国民信托

英国的国民信托代表了一种文化遗产的私有模式：它的资金来源既有捐赠又有门票收入。国民信托作为一个会员组织拥有大量的古代庄园和其他建筑物、花园和广阔的风景区，尤其是环海岸线的风景区；它还拥有英格兰、威尔士以及北爱尔兰1/10的博物馆。非会员必须付费才能参观其建筑与花园，而且有时候其海岸线景点还收取停车费。国民信托组织还会将其名下的建筑等财产出租，例如用于度假或婚礼，同时还会从食物到书籍、礼物等范围广泛的商品经营中赚取收入。信托组织在文物保护和历史研究上有自己的专家，他们维护这些文物以便能对公众开放。它同时也招募了一大批对这些文化遗产有着深入了解的志愿者们，通过他们的讲解来提升游客的体验。对于那些从私人手中交接过来的财产（通常是继承下来的），其所有者仍可继续居住在指定的区域。

4.3 遗产参观及需求

在英国，参观宏伟的房屋和花园是最受欢迎的文化活动之一，即使票价相对较高也还是吸引了广泛的社会经济群体的参与：在2013年，国民信托组织拥有的比较受欢迎的景点门票价为每位成人10欧元甚至更高。参观文化遗产通常会与文化旅游相联系，因为不论是遗产型景区还是博物馆都会对目的地的选择产生影响。例如由弗兰克·盖里（Frank Gehry）设计的毕尔巴鄂古根海姆博物馆，从1997年开业以来已经吸引了超过1 000万游客。

博物馆自身及其所代表的组织一直不断地研究博物馆参观者及其参观行为。对于大多数的游客而言，与建筑文物相比，似乎博物馆对他们的吸引力更小一些。很大一部分处于学龄阶段的游客认为参观是学校课程的一部分，而且他们并不一定是自愿前来参观的。已经工作的成年人属于更高一级社会经济群体，他们在博物馆参观者中最为典型。世界闻名的国家博物馆例如卢浮宫，大英博物馆，罗马教廷等有非常高的游客量（尽管报道中提到的“参观者”通常是指“参观”并且这些参观者会多次参观），这些游客中很多都来自国外（通常是以团体形式）；巴黎的卢浮宫自称是世界上参观人数最多的博物馆，参观量为每年不到1 000万人次（2013年，卢浮宫对其主展区收取了人均12欧元的门票费）。

至于艺术，那些具有经济和教育优势的成年游客居于主导地位，这就意味着资助转移给了那些具有更高支付能力的人。现已有了一些针对博物馆永久藏品定价反应的研究：与艺术一样，其需求缺乏弹性，因此如果提高价格就能增加收入。2001年英国国家博物馆对永久藏品免除了门票，伴随而来的就是参观量的急剧增长（如果没有增长，那一定是经济学的理论出了什么问题了!）。而差不多在同一时间，这些博物馆中的一部分在其建筑上做了相当大的改进，因此也就提高了参观质量，这也使得区分价格与质量之间的影响关系变得比较困难。事实上，有关参与研究发现，这些博物馆监测的参观人次（这并不准确，因为进入是免费的）和游客数量还在持续增加，但这种涨势已经持续了很长一段时间。现在尽管英国国家博物馆仍会增加特别展览以收取门票，并且也会从例如咖啡馆、饭店和商店等附加性设施中赚取收入，但博物馆很大一部分收入仍是依赖于政府资助。尽管现在可以从网上预订门票，但从人们为了参观“重磅展览”所排队伍来推断，博物馆提高票价并没有太多的阻力。

4.4 遗产组织的绩效

随着博物馆、图书馆和档案馆等遗产服务的免费，现在出现的困难之一就是，资助组织无法确保其花费资金物有所值，以及所资助机构能够高效运转。整个组织的运作远远超出了游客体验的范围，游客的数量及其满意度的调查只是一项有限的指标。诸如研究、编目及其他类似项目成本都需要专家来决定，这也就使得寻找恰当的指标以分配资金给单个组织这件事变得十分困难，而通常的做法是政府决定给予整个行业固定规模的资金。这个问题也不仅限于遗产领域，在同样具有公共产品特征及专家审核型供给（expert-moderated supply）引发需求的各种政府服务中，这种方法也一样适用。在这种情况下，我们通常会使用测量成本效用的方法来测算绩效。

通过评估投入资金使用的最佳方法，如具有各种专业技能的劳动力花费几个小时来执行相同的任务，并且在每一个组织之间进行比较，文化经济学家们就能测量出博物馆的绩效。这种类型的绩效指标考察的是投入和产出的关系，而不是通过财务数据来衡量绩效。

4.4.1 委托代理问题

政府在涉及国家财政方面需要处理的主要问题之一，就是不论艺术、遗产或者其他类型的产品，都是要引导受助者按照既定政策目标使用资助，并用于实现其受助时所设定的目标。这也就是“委托代理”问题。在当前环境下，委托方主要是政策制定者，而代理方则是遗产组织。政策目标或许很难表达，或许是人们不愿精确地执行目标：保护遗产并使所有人都能参观作为一个整体目标，有着巨大的解释空间；但如果遗产组织被告知要精确地花费这笔拨款，那么政策制定者们或者公务人员，就必须要像管理者一样对该组织的工作有足够了解。在一项任务中，任务越是详细或者需要的专业技能越多，委托—代理问题就越严重。其解决方法是在持续监测的两个极端找到一个中间位置，但这种方式成本很高并会造成资源浪费，而且对于拨款如何使用的问题上也缺乏约束。对于像博物馆这样具有多样产品的组织而言，参观者的数量只是绩效指标之一，其他的指标则涉及修复、研究、编目等工作所使用的资源。

在营利性组织中，其财务回报可以与市场化企业相比较，但是对于非营利性机构而言，其成功不仅仅是达成自己设定的目标，也应该包括资助者的目标。如果遗产组织从私人捐助者和赞助商那里得到了资金支持，私人捐助者和赞助商们在支持遗产组织时有着自己的动机和目的，而且这些动机和目的也许并不符合财政资助的目标，这时问题就会变得更为复杂。例如一个捐赠者可能会希望突出强调某一种在大多数参观者中不受欢迎的风格。经济学家认为，任何一份合同，无论是默示还是明示合同，都为管理者实现资助人目标提供必要的刺激，因为资助者受制于结果监测的交易成本，只能通过签订合同资助遗产以实现其政策目标。

4.5 数字化和遗产

数字化信息技术为博物馆和遗产组织扩充它们的文化提供物创造了巨大的机会，许多技术已经得到了充分利用以提升参观者的理解和欣赏，而且它们的内部流程管理中也使用了IT技术。以博物馆为例，数字技术运用能够使它们更好将其藏品存档，例如通过对藏品的扫描和交叉对比，就能够与其他博物馆交换研究信息，以及为那些未被展出的藏品提供数字化访问，因此也就拓展了对收藏品的了解。事实也证明数字技术对重建和补修建筑遗产十分有帮助，最引人注目的例子就是，复原在1997年地震中损坏的乔托（Giotto Frescoes）在阿西西（Assisi）圣弗朗西斯教堂（Basilica of St Francis）所画的壁画。细小的碎片被收集起来并拍摄成为数码照片，然后使用电脑系统来分类匹配碎片的边缘，以便修补者能重新将它们组合起来。

线上参观使博物馆和遗产所拥有的新的、多样化的观众数量大大增加了，并且线上体验随着社交媒体的介入而得到强化。许多遗产组织都有自己的网站来提供关于建筑物、收藏品、景点、参观方案、展览细节之类的信息，还包括一些后勤上的细节，例如布局、开放时间、费用、购票、方向等，这也是市场营销的一个方面。使用这些设施的公众人数正在不断增加。然而，据现有资料与研究来看，采用这些创新的能力却十分有限。数字化主要是为我们提供了一种新方法来储存和传播现有藏品的相关现存信息。因此，对于即便已经用于上述功能的数字化尚需额外投入，而且投入不菲，其花费主要体现在两个层面：一是将图片等信息转成数字化内容的过程需要花费大量的人力；二是文本、图片及处于版权保护期内的艺术作品等藏品必须获得其知识产权。

上网公开这些信息就意味着将其作为公共产品提供出来，所有人都可以免费共享。这种特点让公共财政有必要为这些数字化项目买单。与此同时，通过为参观者提供优化的信息，遗产专家与其他博物馆数字化项目提升了社会收益与服务价值，这也构成了公共财政资助的重要理由。藏品的数字化还让政策制定者能够评估全国藏品的地理分布：在荷兰，这已经促使政府将某些国家级藏品重新分配至地区性博物馆。

此外，数字IT技术使得博物馆能够通过出售其藏品的图片来增加收入，这些照片可供购买者使用及重复使用，有些博物馆还欢迎社交媒体用户在它们的网页上使用这些图片。与其他文化创意产业一样，对于藏品的数字化接触是否会替代“真实”游览成了一个问题，或者说，数字技术通过告知参观者为参观做好准备来增强体验，成为了真实游览的一种补充。新技术为提升服务价值提供了机会，一方面它增加了游览数量（数字的或现实的），另一方面它创造出了一种新的“混合式”体验。在研究数字技术的使用所带来的附加文化收益时，巴赫希（Bakhshi）和索罗斯比（2010；2012）研究了参观伦敦泰特美术馆所提供的网上展览对游客产生的效果。大部分网上游客在此之前的几年间都有参观美术馆（博物馆）的经历，这也证明了之前就观察到的——那些具有成熟品位的既有参观者会充分利用数字化的文化设施。这一新兴学科中存在着非常广阔的研究空间。

4.6　结论

文化经济学在帮助我们理解遗产组织的供需、成本和收入以及公共财政拨款和私人捐赠在其运作中所扮演的角色等方面做出了一定的贡献，它也向我们展示了一些政策的选择，例如博物馆免费开放政策的深层含义。在文化经济学领域已经有了一些关于遗产名录经济学影响的研究，例如第9章所讨论的联合国教科文组织所做的研究。已有人尝试研究数字技术对遗产的影响，而后续的深入研究则值得期待。虽然看起来数字IT技术上的投入成本很高，这会增加现有的固定与边际成本，但在线浏览将会增加参观博物馆和遗产景点的体验。对于依赖公共财政资助的组织机构而言，新技术可以创造新服务，从而为其创造出额外的收入。

延伸阅读

在《文化经济学手册》中，维克托·费尔南德斯·布兰科（Victor Fernández Blanco）与胡安·普列托·罗德里格斯（Juan Prieto-Rodríguez）（2011）关于博物馆的讨论，及弗朗索瓦丝·本哈默（Françoise Benhamou）（2011）对遗产的研究，皆可视为文化经济学对这个领域研究的简明读本。而由伊尔迪·里佐（Ilde Rizzo）与安娜·米格诺萨（Anna Mignosa）（2013）所编写的《文化遗产经济学手册》则是一本最新的专业出版物。特里尔塞·纳瓦雷特（Trilce Navarette）（2013）则对博物馆的数字化做了细致分析。

注释

1 在英国，艺术博物馆(art museums)通常被称为美术馆(art galleries)以彰显其专注于视觉艺术。为简便起见，我们在这里所说的"博物馆"也就是通常采用的说法。文化经济学的著述有时也会使用艺术博物馆(art museums)这一说法。虽然文化经济学目前为止尚无有关档案馆和国家图书馆的研究，但这里所采用的方法对它们也一样适用。

第5章

艺术家、艺术市场和艺术家劳动力市场

艺术市场可以是进行交换的场所，如艺术博览会、拍卖和工作坊，或是一种虚拟的组织形式——即交易时不会有物质性产品存在，市场是指任何类型的买家和卖家之间涉及价格的有组织交易。

文化经济学的一个难题就是：谁是艺术家？类似的问题还包括什么是艺术？这些都是经济学家没有专业能力去判断的问题，但与此同时，我们需要采用一些分类方法来研究艺术和艺术家的劳动力市场。基于其他目的，官方统计与数据所采用的分类一定程度上解决了这些问题，但这些对于文化经济学研究还不够深入。第6章将对衡量创意产业之产出、就业及就业问题等具有歧义的概念进行概述；本章我们重点讨论的是，较为狭窄的艺术领域的创意艺术家，如视觉艺术家、建筑师、文学作家、剧作家、作曲家、编舞家、电影导演等，以及制作艺术产品的手工艺人（陶工、织工、木工）和表演艺术家——音乐家、歌唱家、舞蹈家、演员、哑剧艺人。这些人所创造并提供的艺术内容是创意产业的基础。在文化经济学研究中，分析艺术家个人经济行为所采取的最常用方法，就是对艺术门类和艺术家类别进行自我定义，下面将会具体阐释。

本章还包括对艺术市场的简单介绍，艺术市场可以是进行交换的场所，如艺术博览会、拍卖和工作坊，或是一种虚拟的组织形式——即交易时不会有物质性产品存在，市场是指任何类型的买家和卖家之间涉及价格的有组织交易。视觉艺术价格的决定因素已经成为文化经济学研究领域的一个重要课题。

文化经济学早期的主要研究内容是分析艺术家的劳动力市场，其原因部分是由于劳动力成本是文化生产成本的痼疾，特别是在表演艺术中，这就是“成本病”理论所描述的问题。鲍莫尔和鲍温（1966）在其开创性著作中收集了有关表演者的收入证据，他们的工作激发了进一步研究，包括了解艺术所涉及的所有工作的收入和工作条件，建构了一个比“标准”经济理论更适用于劳动力市场研究的理论模型。

5.1 作为劳动者的艺术家

从个体创造性和表演艺术家层面研究产品的经济部分，就必须要对作品的特性和艺术家们进行分类。根据数据收集目的不同，官方将艺术产出和艺术家分为不同类别。人口和家庭的普查工作，需要统计职业和社会经济方面的信息，例如家庭规模、年龄、种族、教育情况等，而职业这一项则限定在调查期间所从事的工作或受访者自行选择的范围内。劳动力调查包括了就业年龄段人口的就业和失业人员，而且有可能将自主就业也作为一个类别。对于一些艺术职业，特别是对表演者而言，就业是标准状态（norm），即意味着时间和工作地点是固定的，工作环境是受监控的，而税收和社会保险也已经支付。创意艺术家们更有可能成为自主就业者（所以严格来说不算是失业状态），他们利用自己的时间在自己的场所完成工作；他们可以自己支付税收和社会保险费，并且他们的营业收入还能享受税收减免。创意艺术家的收益来源于出售作品的收入，还可能包括佣金、资助、奖品与奖金等。话虽如此，典型情况就是，艺术家们经历的工作状态多种多样，无论是在生产艺术作品的状态之中还是之外。其结果就是，艺术家就总体而言并不适合用通常的劳动力市场或职业类别的研究模型，因此大多数所谓的关于艺术家的劳动力市场行为研究都来自于专门设计的调查。

调查可以向目标对象提出与其紧密相关的问题：这些专门为艺术家设计的问题包括他们是否是职业艺术家，他们的专业水准、工作经验以及在他们所选择的艺术形式中承担何种工作类型，与其艺术相关和不相关的工作时间，所有这些活动的收益，家庭收入和其他收入来源（如资助收入）。调查需要利用人口学的相关知识进行采样，并需获得潜在受访者的联系方式，而这些要求对于艺术界而言就比较困难：艺术家们通常是自主就业者，工作更换频繁，甚至会经历阶段性失业，而且常常不参加专业协会。

因此调查的首要任务是，通过可供联系者信息的数量来合理估量调查对象的数量。为了达此目的，剧院、乐团等雇主，商会和专业协会的会员，与艺术画廊相关联的艺术家们等都可为调查所用，虽然这样可能会造成结果的偏差——例如，如果一个专业协会只接受有良好业绩记录的艺术家作为成员，这将造成结果的向上偏误。而较低的反应率可能会引起一个未知的偏差——受访者中工作机会较少的贫穷人愿意花时间接受调查，还是年龄偏大和更富有的受访者愿意花时间接受调查？一个良好的反应率会解决这些问题，但艺术家们往往并不擅长做出正常的反应。

5.2 艺术市场

艺术市场是视觉艺术家买卖作品的地方。当代艺术的一级市场主要交易当代艺术家提供的新作品，二级市场则是那些在之前购买了作品的商人进行的交易。它们可能归公众、博物馆或经销商所有。在拍卖会上出售在世艺术家的作品是极为罕见的，但对于最著名的艺术家而言这种情况也曾出现过。

在世艺术家，或者至少是成功的艺术家，通常与美术馆和经销商签订合同，而美术馆和经销商通常占据最终销售价格中较大的比例（通常50%）。它们提供展示艺术作品的设施，开展销售和价格谈判。尽管有较高的委托率，营业额对那些小型私人美术馆而言也比较可观，但能够盈利的却寥寥无几。有些艺术家更喜欢在自己的工作室出售作品，手工艺者往往是在他们的工作坊里出售作品。艺术和工艺品博览会提供不同层次价格和质量的艺术作品以供选择，但往往入场费也很高，而且即便如此，也并非所有艺术家都能被接受。非常有才华的极小部分艺术家和手工艺人能够将自己的作品出售（或得到手续费）给博物馆和公立美术馆，通过这种认可（“认证”）后，他们就能够私下以更高的价格出售作品。当代艺术市场存在的一个主要问题是，买家对于作品质量并没有很好地了解，或者如一些人争辩的那样，买家对不同种类的风格和质量感到困惑。正如在很多艺术市场中，赢者通吃的现象十分明显，“做市商”极力促销小部分的赢家，批评家与艺术专家对艺术作品的成功与价格影响甚大，尽管也不总是如此，因为会出现艺术家较之他们更有天赋，并且他们的促销是基于纯粹的客观原因。在一般情况下，当代艺术市场是不稳定的，其结果就是，艺术作品供应过剩，审美品牌没有获得充分发展导致需求疲软，以及价格的不确定性。

在文化经济学中，大多数对于艺术品价格的研究工作都是关注艺术品的二级市场，通常是拍卖，这方面有很多数据可以应用。其中一个主要议题就是，艺术品的回报是否与投资于金融工具的收益相匹配，结论是否定的，因为拥有艺术品似乎能获取一定的消费利益。拥有成熟品位并有丰富经验的买家，加上卖家的认定，及由老的、成名拍卖行所主导的市场，这些因素使得二级市场比一级市场更加稳定。

数字化通过引入广告和在线销售作品等形式，已经影响到了一级市场和二级市场。在一级市场，数字技术可用于艺术作品的创作，如通过作为一个最终版本或者是作为元素植入手工作品之中，以及通过互联网传输作品等等。结果是，之前在艺术市场中十分重要的，原始作品与其多个副本（例如雕刻品和照片）之间的区别，现在已经不再重要。除了专业艺术家之外，过多业余艺术家在网上制造并出售其作品，互联网很可能会使一个业已混乱的市场更加混乱。在二级市场，很有可能会有一个集中的拍卖行和经销商去销售那些已经在网上竞价出售的作品。

5.3 艺术家劳动力市场

经济学家所分析的劳动力市场存在两个层面：在宏观经济学层面上，他们设法了解是什么决定就业水平，以及劳动力在整体经济中的供给和需求；微观经济的方法是分析供给和需求的动力。本章更关注微观经济学层面的方法以及艺术家在个人层面的收入情况。创意产业中的就业问题则在第6章讨论。

5.3.1 劳动力市场理论

同任何市场一样，劳动力市场追求的是供求关系的平衡，其中工资率就是价格。劳动力的需求和供给是以工作时间来衡量的，而且这种需求又来源于对工人所制造最终产品的需求。相关市场可能是一些非常具体的职业，如歌剧歌手，或者可能更笼统，如针对歌手的市场。理解供给就应该考虑到这些市场的重叠或集合程度；如果我们所研究的对象是针对单簧管演奏家的市场，那么它也不太可能存在与小提琴演奏家市场的任何重叠。

很多演员是按照每小时工资率付酬的，也存在一些获得一定工资的其他情况，在按小时付酬的情形下，演员的小时工资率可以通过其所签订合同设定的时间计算出来，但是工资率的概念似乎并不普遍适用于艺术家的劳动力市场。创意艺术家，如作曲家、文学家、舞蹈家等更有可能是从其工作中得到报酬，在这种情况下，工资率只有在其创作工作时间已知的情况下才能被估算出来。尽管对于创意劳动力而言也许没有一个实际的工资率，但是，这些概念也有助于我们思考。一般情况下，工资影响着劳动力的需求和供给：工资越高，艺术家提供的工作时间越长，而雇主所需求的时间越短。

对于创作者或表演者这一组特殊群体，他们的需求取决于要生产出什么最终产品：一场弦乐四重奏音乐会需要第一和第二小提琴手、中提琴手和大提琴手，歌剧需要女高音、男高音和男中音——是什么类别？是更具戏剧性的瓦格纳作品，还是更为抒情的莫扎特作品？这些例子都证明了尽管演奏弦乐器的音乐家们可以在管弦乐队中演奏，而歌唱家可以在合唱团里唱歌，但这些特定的音乐家和歌唱家之间不存在可置换性。专业工作需要专业技巧，但对于音乐家或歌唱家来说，他们可以在世界任何地方工作，只要那里有弦乐四重奏和歌剧的需求。但在一般情况下，对于商品和服务的需求越大，赢得的收入越高，其对劳动力的需求也越大，创造艺术作品的组织也就愿意为其支付更高的工资和费用。

艺术家人才的供应可能要取决于专门培训，虽然情况并不是完全如此。一个关于教育规划的谬论是指，在一种职业里“需要”接受教育和培训的人数取决于培训场所的数量。但是这一立场并没有考虑到刺激受培训者参加培训的经济力量或者考虑劳动力市场中的可置换性或灵活性。一个艺术家可能会成为一名教师，而一名演员也可能去写一部戏剧。再过一些时候，在艺术领域中拥有多种职业将会得到人们的认可。

5.3.2 人力资本理论

经济学家用于解释个人有关接受更高层次的教育或培训决定的一个方法就是——人们在更高层次的教育或培训上投入了时间和金钱，其结果是这种投入达到一定数量之后，他们就能通过额外收入获得预期回报，这也被称为人力资本投入。其中一部分的投资成本是机会成本，即他们是出去工作而非学习时所赚取的收入。所以，举例来说明就是：一个18岁的青年决定去上三年大学，而不是立即参加带薪的工作。在这三年时间里，他或她可能已经赚取了相当于18岁、19岁和20岁的平均收入总和的薪资，而这个数额正是高等教育的间接成本。直接成本是指相关费用成本及与课程相关的其他支出，如生活费用等。间接成本和直接成本加在一起就是投资的总额。从21岁到退休年龄，其预期收益将会折现为“现值”，并随后将其与所投资的金额作比较；如果现值大于投资总额，则该课程就值得考虑。[1]

这一思路所基于的理论是教育和培训能提高生产力，因此也就获取了挣钱的能力。但将这一思路应用到艺术上就会出现一个问题，正规教育在作为提高生产率所必备之“天赋”中的作用可能并不显著。与此同时，艺术家收入的证据表明，他们的收入似乎并不随着年龄的增长或学习时间的长度而增加，而且职业生涯规划的概念也并不适用——有些创作者可以在一生中的大部分时间持续工作，而表演者（以及在极端情况下的舞者）到了中年以后往往很难再继续工作。

经济学家们对人力资本理论有一定的怀疑，他们认为很难从参加高等教育和培训的筛选与标签功能中区分出生产力的假定效应。成功地完成大学课程意味着一个人愿意并且有能力这样做，对雇主而言，这种毅力和动力要比大学课程的内容更有吸引力。但在艺术领域，一个学位或文凭至多意味着有了一个敲门砖，许多艺术机构都有自己的一套人才选拔机制，如要求有能够体现出专业水平的代表作品集，或者能够举行自己的试镜表演。

5.3.3 专业艺术教育

在整个发达国家中，无数的大学和专科院校会录取数以百万计的学生进修视觉艺术、音乐、表演、建筑、创意写作、电影、新闻等课程。学校会教授这些职业的专业技巧，它们认为这些专业技巧将会增加学生的学习效率以及引导他们进入这个行业的能力。有些院校还会与艺术组织和工作室相衔接，来为学生提供在岗培训和工作经验。从经济性角度出发，它们为学生提供了一种在国内外许多工作地点都能使用的“常规培训”。常规培训并不意味着不专业，而是指它并不针对于特定的公司，例如，作为舞台监督的培训将可以让学生在不同剧院工作。而特定的培训则是需要在一些特殊工作环境下的，例如有些舞蹈需要在一个具有自身特点或特定艺术形式的老剧院中表演。

可能正是这些完成了学位课程的大量毕业生造成了艺术家的劳动力市场供应过剩；与此相同的是，这些人之中可能只有极少数能成功获得有报酬的工作。但这并不一定意味着，这些人不从事相关专业，这些课程就是在浪费时间：研究发现，艺术专业毕业生与其他专业毕业生在普通劳动力市场上的表现旗鼓相当，并且有关非艺术工作中所谓“创意”的贡献的研究业已展开。只要这些培训的费用并不比其他类型的高等教育昂贵，这个结论就存在有效性；然而，其中一些问题仍是不可避免的，如这些课程的补贴就引发诸多疑问。

5.3.4 供给过剩，收入和失业

所有艺术职业的劳动力市场都存在一个普遍性特征，即受过专业培训的艺术家的供给过剩。这种供给过剩的情况与对艺术动机的分析相关联——“为艺术而艺术”——就像我们通常所了解的，表明了其缺乏对经济利益的考虑。供应过剩不可避免地破坏了工资率，并且在没有法定的或由专业协会（或商会）与产业组织商定的最低工资标准的情况下，必然导致

工资率的下降。对于艺术家劳动力市场的研究而言，一个必然且普遍的结论是，大部分训练有素的艺术家都经历过低收入的困境。这一令人不安的现实导致了许多问题，如艺术家和原创者，特别是个体艺术家，在工资率商谈中处于不利的位置，而这一问题在劳资双方集体谈判的情况下也会存在。尽管许多专业协会试图为多个工种制定费用标准，但与创造性的艺术家或手工艺人相比，表演者更有可能从对最低工资标准的集体协商中获益。不过到最后，往往仍是市场力量胜出。

与此相关的是更普遍的失业问题。许多创作者和表演者都经历过失业期，并且那些有工作的艺术家们也处在未充分就业状态，这意味着他们无法找到预期付薪酬那么多的工作。此外，有不少是自主就业的自由职业者，他们往往身兼数职，对他们从事的艺术工作来说，很难确定什么是失业。

5.3.5 巨星理论

与供应过剩情况相对的另一面是超级明星现象，艺术家（包括其他专业）的劳动力市场是由少数的优秀个人（或团体）所主导的，这些少数的优秀个人（或团体）生产出最畅销的产品和服务，与那些在其所从事的职业中并不耀眼的同行相比，他们获得的收入极高。巨星理论试图用经济学术语来解释这种倾向，这些产品的市场准入和规模，以及它们的创造者那些为人所知的天赋：随着市场规模的增大，天赋上细微的差异都可能会使他们的收入成倍增长，从而导致了具有较高天赋的艺术家们和天资不高的艺术家们在收入分配上的巨大差异。消费者更喜欢具有较高天赋的艺术家，因为这代表了质量。选择一个胜利者，降低了消费者搜索市场和获取其他相关作品与创作者信息的成本，而且他们能与其他具有相同品位的消费者共同分享对作品的欣赏，并通过这种分享增加其愉悦之情。

对于艺术家不均衡收入分配现象的一个解释就是，这种分配机制取决于新进入者在获取有关于他们天赋信息上的难度以及成功的可能性。大量想要成为创意艺术家和表演家的人在进入劳动力市场时都抱有很大的期望，但是，当他们认识到了自己在社会等级中所处的位置时，许多人选择了退出，只留下了那些更具天赋的赢家。这就解释了艺术家劳动力市场的两个特点：年轻人的主导和非正态收入分布。

5.4 艺术家的动机和供给行为

关于艺术家创作和表演的动机，我们经常会讨论是哪种经济回报会发挥作用。从某种意义上说，如果答案是没有起作用的话，那么文化经济学家对这一课题的研究也就没有什么意义了。但不足为奇的是，艺术家和其他人一样需要支付账单，需要至少维持生活的最低标准。其结果是，当艺术作品不足以带来足够的生活收入时，为了补贴生活费用，他们会接下多种工作，其中有些是与艺术相关的，如教学和调查等其他专业工作，而其中一些非艺术的工作则纯粹是为了金钱。即便如此，有研究表明，许多艺术家和其他创作者的收入还是低于他们所在国家的全国平均收入水平，并且他们能坚持这份艺术工作，是因为他们靠家庭收入或资助，比如通过政府补助、失业救济与其他转移性支出获得资助。许多艺术家们以这种生活方式坚持了很多年，但很少有艺术家会拥有一个长期收入稳定或退休时拥有养老金的职业。

5.4.1 艺术家工作偏好

劳动力市场的经济模型均假定人们会厌恶所从事的工作，需要通过工资予以补偿，所以工作时间越长，需要用来激励的工资就越高。这种模型已被发现适用于艺术家在非艺术领域中的工作，同时也适用于与艺术有关的工作，但如果是对自己所选择的艺术职业而言，他们更偏好于工作而非休闲。这就是所谓艺术家劳动力市场中的工作偏好模型。对于这个模型的实证研究表明，当非艺术领域的工资上涨时，艺术家在非艺术的工作上投入的时间就会变少，并会将他们的时间转移到艺术工作上去；但如果艺术工作的工资上涨，他们可能就会较少从事非艺术和与艺术相关的工作，而更多地去从事纯艺术的工作，这反映了他们在艺术或工艺上花费时间的强烈动机。这种工作时间分配上的转变，也会由于补贴费用、版权费及类似收入的增加而发生。总体而言，似乎创作者的时间分配目标就是维持一个令人满意的家庭生活标准，以及能够最大限度地把时间应用于创作。

5.4.2 “挤出效应”理论

虽然经济学家们没有能力去解释属于社会心理学范畴的创造动机，但他们能够对动机方面的补偿做出评价。现已确认的两大类动机分别是“内在动机”和“外在动机”：前者来自于创造的内在驱动力，而后者则是一种外部驱动力，来自于劳动合同等相关条件。同样，内在回报表现为内在满足感形式的回报，主要来自于成就感或得到同行中德高望重者的认可，外在回报则是一种金钱上的报偿。“挤出效应”理论与奖励动机的恰当匹配相关：错误的匹配会导致工作者准备停止或“挤出”原本打算付出的努力。这种行为方式解释了为什么由其他艺术家所决定的奖项、奖金和资助会得到高度的重视，而且单凭金钱并不能够激发创造力。该方法已被用于艺术家的决策模型，这一模型是分析艺术家如何决定把时间花费在有外在回报的“商业活动”，而非能得到内在满足感的“创意活动”。

5.5 对艺术家劳动力市场的研究结果

对艺术家的收入、供给行为、经验、教育和培训以及社会经济特征的研究运用了社会调查、公开数据或专门委托深入研究官方统计数据的方法，而这些方法都得出了非常相似的结果。一些结果已经在上面的文本中提到过，在这里我们将以更为系统的方式呈现。

我们首先从谁能被命名为艺术家这个问题出发，很显然，尽管拥有更高学历或培训资格认证是能够从事专业职业的指标之一，但这还不够。很多拥有资格认证的工作者并没有从事艺术工作。调查显示，从事艺术创造的工作者，尤其是表演艺术家们，有很大一部分都没有正式的艺术资格认证，并且很多都是经过自学或在工作中学习的。对于这些人来说，经验是他们人力资本中的重要部分。

一般来说，与其他从事管理和专业性职业的人相比，艺术家由于接受多年的正规教育和培训而更具资格。尽管这一因素对非艺术工作而言其影响是常有之事，也会影响与艺术有关的工作（即收入随教育时间增加而增加），但是它对艺术工作收入来说影响并不大，这也许是因为艺术相关的工作多在教育行业，而从事教育工作是需要资格认证的。同样，经验作为人力资本的另一种因素，通常以从事艺术职业的时间来衡量，它和年龄一样对收入也没有多大影响。这些模式对于男性艺术家和女性艺术家而言是相同的，虽然女性艺术家的收入整体而言低于男性。如前所述，艺术家人口的年龄低于劳动力整体的平均水平。其他社会经济特征，如婚姻状况等，对艺术和非艺术的工作收入有相同的影响。

其中一个导致收入差异明显的原因是工作时间。艺术家在其所从事的所有类型工作的平均工作时间要比其他相似职业的工作时间长。即便如此，大多数艺术家反映，他们无法像自己希望的那样，在所选择的艺术形式上投入足够多的时间。相比男性而言，女性艺术家所面临的这个问题更加严峻，这有可能是由于家庭的责任造成的；因此，花费在工作上的时间较少，这在一定程度上解释了性别上的收入差距。从全部的艺术职业来看，收入分布非常不均匀，曲线的一端是作为高收入者的巨星，而曲线的长尾则包含了大多数收入低于全国平均收入水平的艺术家们。已有的研究分析了作品销售的收入、费用、工资等问题，但最近的研究则额外关注版税和其他版权使用所获得的酬金。正如预期的那样，在版税等其他酬金上，我们也同样观察到了收入的偏态分布。一些有关艺术家包括版权费在内的所有收入的研究结果表明，高收入者通常会赚取高额版税；该模式可能会随着越来越多的艺术作品通过数字化交易而发生改变，但到我们写作这本书时还没有系统性的证据。版权收入将在第7章提及。

这些研究的结论是，劳动时间和收入的标准经济指标并不能预测艺术家的收入。文化经济学家已经调整了经济模型，用以适应艺术家劳动力市场的特性，其结果是他们用新模型解释了一些供给行为的特征。但研究结果显示，这些因素没有一个能够预测其职业生涯是否成功，或者能否在经济意义上存活下来。

5.6 数字技术的影响

像广告、游戏以及娱乐软件等创意产业，需要数字技术的丰富技能，它们为视觉艺术家、设计师和电影导演等提供了大量的就业机会。这些“工作”大多采用短期和项目制的形式。这类产业往往聚集在几个较大的中心地区，在这些大型产业聚集区中有着大量熟练劳动力，这为求职与招聘提供了范围与规模经济，而且创作者也能受益于整个网络所带来的、能让其跟进市场所需技术的机会。对于那些属于自由职业的创意艺术家们也能得到类似的好处，特别是其作品可以实现网上售卖，尽管迄今为止还没有太多证据能够证明其成功。一个能够帮助年轻艺术家起步的机会就是众筹，这对艺术市场和艺术家的劳动力市场而言是一个十分有趣的话题。

5.7 结论

本章涵盖了几个有着明显关联的话题——决定艺术家销售其作品的艺术市场情况，与决定艺术家们能够创造、提供多少产品以及从艺术中赚取多少收入的劳动力市场情况。那些甘愿为艺术献身的工作者们，他们拥有家人的支持，能够争取到资助或可以忍受相对较低的物质生活标准，他们在那里继续坚持着，同时从其作为艺术家的工作中获得满足感，并且他们一般通过其他工作来补充收入以继续艺术或工艺工作。只有那些幸运的、有极高天赋的艺术家们才可以从经济困难中解脱出来，并且其中有一小部分人还能赚取高额收入。

人们常常说，艺术家们以其在劳动力市场中忍受艰苦条件的方式为艺术提供了主要的补贴。对创意产业而言，新颖的、充满想象力和技巧的表达是最基本的，而毫无疑问的是，艺术家们是创意产业的中坚力量。

延伸阅读

由奥拉夫·维尔修斯（Olav Velthuis）（2011）所做关于艺术市场的研究和阿森菲尔特（Ashenfelter）及格雷迪（Graddy）（2011）对艺术拍卖的研究对这些话题做了很好介绍。对艺术家的劳动力市场研究的开创性作品是由戴维·索罗斯比在《文化经济学》（2001）第6章所做的总结，而布鲁诺·弗雷所著的《艺术与经济》（2000）第8章则总结了动机和创造力的问题。汉斯·艾宾（Hans Abbing）（2002）的著作是一部非常受欢迎的作品，它从一个艺术家和经济学家的角度来描述了艺术家的劳动力市场。帕耶尔·阿罗拉（Payal Arora）和菲利普·弗尔梅仑（Filip Vermeylen）（2013）分析了数字化对艺术市场的影响。

注释

1 现值是指在此时为获取未来的总值所花费用的价值。如果一个人在完成相关课程后预计能工作40年,这40年的收入必须要计入现值,从而在决策时能够将成本和收益一并考虑。未来收益的现值使用折扣率来计算,折扣率与利率相反。这些概念将在第9章关于成本效益分析和经济影响的研究中进行详细解释。

第6章

创意经济

创意经济是一个不经意间被人们使用的术语，它似乎在不同的语境有不同的含义。对一些人来说它仅仅意味着经济一部分的创意产业；但对另一些人来说它则代表着一种范式，即对充满多彩创造力的整体经济——艺术、科学、技术和经济——的一种新的世界观。

创意经济是一个不经意间被人们使用的术语，它似乎在不同的语境有不同的含义。对一些人来说它仅仅意味着经济一部分的创意产业；但对另一些人来说它则代表着一种范式，即对充满多彩创造力的整体经济——艺术、科学、技术和经济——的一种新的世界观。

6.1 创意经济的定义

联合国《2010年创意经济报告》对“创意经济”的定义如下：

“创意经济”是一个不断发展的概念，它建立在能推动经济增长和发展的创意资产基础之上。它可以增加收入、创造就业以及出口增收，同时能促进社会包容性、文化多样性并推动人类发展进步。它涵盖了经济、文化和社会等各个方面，并与科技、知识产权和旅游产业相互促进。它是一系列以知识为基础的经济活动，并在宏观层面及微观层面与整体经济有着发展维度的交叉性关联。这是一个寻求创新的、多部门政策响应和部际行动的可行性发展方案。创意经济的核心是创意产业。（UNCTAD，2010：10）

联合国报告的意义在于，它通过系统性回顾文化经济学和其他相关学科的工作，以及联合国其他机构对相关术语的运用，这些联合国机构包括：联合国贸易和发展会议、联合国开发计划署、联合国教科文组织、国际贸易委员会和世界知识产权组织，从而使这一术语在国际上达成了一个共识。[1]以上所引用的创意经济的宽泛概念与其他诸如信息经济或社会、网络和知识经济是一样的，它们都突出各类资本——人力，社会，文化——并且意识到创意产品体现为这些资产的组合。创意经济被联合国机构看作是欠发达国家经济发展的重要路径，同样地，在“后工业时代”的老牌发达国家，创意产业作为服务业的一部分，开始主导诸如制造业和农业等其他产业。

数字经济是另一个被广泛使用的术语；作为一个经济术语，它标志着随着数字信息技术（IT）的广泛使用，越来越多有形的创意商品转化为以电子方式进行传播和消费的无形服务——音乐可以下载或通过流媒体欣赏，图书可以借助于电子设备阅读，电视可在移动设备上观看等等。这些商品过去常常是买家以一定价格购买，就可以无限期、无限次地使用它们，也可以把它们借给朋友或转卖，现如今它们常常是将使用权以一定的费用出租，允许购买者在规定时间段使用，限制用户的使用条件和分享权。在数字经济和创意经济之间存在大量的重叠之处，其中最为重要的共同利益领域是知识产权法在创意产业产品生产和消费中的作用。版权的作用将在第7章进行讨论。本章将重点集中在定义和衡量创意经济并分析有关促进政策。

6.1.1 创意

正如联合国的报告指出，创意没有一个统一的定义。

然而，我们至少可以明确表述人类在不同领域的创意特征：艺术创意涉及想象、创意生成能力、解释世界的独特方式、文本声音和图像表达；科学创造力涉及好奇心和实验意愿以及在解决问题过程中尝试新的联系；经济创造力是一个动态的过程，能够引导技术、业务拓展和营销等方面的创新，有助于企业在经济领域获得竞争优势。（UNCTAD，2010：3）

因此，创意指的是由个体艺术家、工匠、设计师和其他创作者以及创意产业中的中介机构（出版商、唱片公司等）开发原创作品，并将创意转化为产品供给市场；文化产品生产所有的这些环节都缺一不可。无论是艺术家和其他创作者，还是中介机构都受到版权和相关权利的保护——电影生产者拥有电影版权、广播和录音制作商拥有在其相关活动中的权利等等。版权和其他知识产权（IP），如商标、设计权，都为保护和激励创意产业发展提供了基础，因为它们鼓励创意。

对于大多数创意产品而言，产品的生产往往是几部作品的结合，其结果是许多知识产权持有者都参与进来。一场音乐会的播送结合了作曲家的作品、导演、乐队队员和电台的工作，他们中每一人都必须被授权并为使用他们的成果支付一定的费用；如果重播这场音乐会或是授权给另一个电台播送，就必须支付更多的费用。在这个例子中，电台被视为是为音乐会的传播提供了创造性投入。同样地，唱片公司则为录音制作提供了创造性投入。因此，无论是内容创造者还是将产品推向市场的中介机构都理应受到版权法的保护。

6.1.2 价值链

“价值链”同样也是广泛使用的术语。它阐释了到达最终消费者市场之前产品与服务所包含的多个环节，其中每一个环节都为初始产品增添价值，而零售价就是最终价值。对创意产品而言，价值链发端于创意内容的提出，然后将创意内容出售或授权转让给一个或多个中介商，再由他们将原始内容转化为产品并实现增值，最终推广和销售给用户。这个过程可能在一个企业中发生，也可能只是创造者一人，但更常见的情况是，几个专门企业各自扮演好它们在价值链中的角色，从而实现更高效率和较低生产成本。在创意产业中，知识产权的转让使得价值链得以运作；创意内容的使用权可以直接转移到产品的生产者手中，因此，在获得许可的情况下，内容供应商可以选择在中国生产光盘和在印度印刷书籍。

经济学十分感兴趣的一个方面是，合约安排是如何影响产业组织的：一个企业或公司是否会从企业“内部”价值链角度管理生产的各个环节，或者说是否所有独立的中介机构都会将产品出售给价值链下游的公司从而组合出最终产品？选择“制造还是购买”——即是将产品生产价值链上的所有环节集中在一家公司，还是从企业外部购买服务或生产要素——决定了公司在产业中的规模。当产品主要是由一家企业内部“制造”时，该公司就会纵向一体化（即为自己生产与提供投入要素），那么这一产业很可能是由几家公司主导，如唱片和出版行业。如果在产品生产环节购买了其他生产要素，那么可能会存在更多竞争或横向整合（通过企业兼并生产相似或互补产品）。

6.2 创意产业的衡量

创意产业的价值，即其对国内生产总值的贡献和它们的增长率一直是创意经济模式的重要优势。价值链是衡量一个产业规模及其对国民经济贡献的基础概念，是创意经济中的重要问题。创意和创意经济的概念非常普遍，但是却不容易直接进行估算，相反地，创意产业价值的测量则已成形。创意内容生产各个环节就好比一个倒金字塔模型，价值链的第一阶段作为倒金字塔的支撑，是下一阶段价值创造的基础，而中介公司则在其中扮演着一系列角色。另一种比喻是将价值链看作一个“以内容为核心”的圆环，并围绕核心环节辐射出生产和销售功能。这两者都将由最初创意者的价值创造放在核心环节（具有创意艺术家或表演者、设计师、工艺师和其他类似的工作者），作为价值链的开端。

6.2.1 衡量问题

衡量创意产业的最根本问题是确定其包含的行业范围：明显地，涵盖范围的大小决定了其对国民经济贡献的大小。这既适用于行业的选择，也适用于该行业与“金字塔”顶端的距离以及其是否超出规定范围，这其实是个判断问题。英国文化媒体和体育部的管理范围则包含了广告、建筑、艺术、古董、工艺品、设计、时装设计、电影、视频、互动休闲软件、音乐、表演艺术、出版、软件、电视和广播，创意产业虽然在英国应用广泛，但是概念并不统一。

国民收入核算是经济学的分支，往往采用总增加值（GVA）来衡量国内生产总值（GDP）。价值增值发生于生产链条之中，国民收入核算的根本要求是避免对同一项目的重复计算。为此，我们应当对产业活动仔细分类，而这已经通过标准产业分类（SIC）体系实现了。事实上，正是基于国际贸易的深入发展以及确定价值增值环节的迫切愿望，联合国建立了国际标准产业分类体系。[2]

衡量创意产业的主要困难在于，在大多数国家的国民收入账户中创意“部门”并不单独存在，相较于服务业而言，它们更关注那些传统的产业如农业、采矿业和制造业。创意产业属于广义的服务产业，指的是账户中的一个部门，包括一系列的经济活动，从银行、保险到作家职业。然而，许多创作者的创意活动和创意产业横跨了服务业和制造业两大领域。举个例子：工艺首饰制作往往是由技术高超的个体手工业者来完成，他（她）独立设计和制作属于自己的产品并从工作室销售出去。他（她）所使用的金属和珠宝来源于“矿业”，生产过程隶属于制造业，他（她）的设计技能属于创意产业；他（她）的销售店则是零售服务业的一部分。价值链上的每一个项目都必须被正确配置，进而测量出其价值增值数额，即珠宝制作对GDP的贡献率。这个例子也表明，如果你仅仅将其销售价值，假设一年销售额，作为价值衡量尺度，就忽略了其为获得金属和宝石所支付的价格，这大大高估了其贡献率。除了专业的经济学家以外，没有人需要了解这些细节，但是这些数据却常常被引用以支持创意产业创造价值的观点，因此这些数据必须从其他账户中抽离出来，但这是一个复杂的实践过程，目前还没有完全建立。

为了衡量经济增长，这些数据必须以年为单位收集起来进行准确对比，以测量某年国内生产总值或某一部门的国内生产总值的年均增加额，并表述为基准年的百分占比。然而，由于经济结构的变化，行业分类也时常发生变化，这就使得我们有时很难获得一个清晰的概念。在任何情况下，公布的数据常常被反复修改，并且存在着一定范围的误差。2011年英国对其数据进行了修改，这就使得它只能够测量截止到2007年的增长率：1997年到2007年之间创意产业每年增长率维持在5%左右（期间英国经济的整体增长率为3%）。创意产业对英国经济增长的总体影响取决于它的规模、占总增加值的百分比和产业增长率（见表6-1）。

表6-1　　英国创意产业总增加值（2008年、2009年）

	2008年		2009年	
部类	增加值(英镑)	总增加值占比(%)	增加值(英镑)	总增加值占比(%)
广告	7 160	0.55	5 990	0.48
建筑	3 650	0.28	3 290	0.26
艺术与古董	310	0.02	260	0.02
工艺设计	1 660	0.13	1 790	0.14
时尚设计	110	0.01	120	0.01
电影、录像与摄影	2 680	0.21	3 000	0.24
音乐、视觉与表演艺术	3 740	0.29	4 070	0.32
出版	11 610	0.90	11 560	0.92
软件与电子出版	570	0.04	560	0.04
数字与娱乐媒介	160	0.01	400	0.03
电视与广播	4 950	0.38	5 260	0.42
创意产业总增加值	36 600	2.82	36 290	2.89
全部行业总增加值	1 295 633		1 256 932	

Source: DCMS（2011）.

6.2.2 创意产业的事实和数据

在了解测量过程中可能存在的陷阱之后，我们可以找到一些在创意经济中更常被引用的事实和数据。

英国文化、媒体和体育部发布了创意产业各行业的数据。我写这本书的时候，最新的数据是2009年的（见表6-1）。

表6-1显示，按照2007年标准产业分类标准，2009年创意产业对英国

GDP的贡献率达到2.89%（大大低于英国文化、媒体和体育部早先宣称的数据）。出版业作为创意产业的主导产业，总增加值为116亿美元，大约占创意产业总增加值的1/3，但它对英国总增加值的贡献率却不足1%。所有产业的总增加额数据是GDP的衡量标准；通过比较2008年和2009年总增加额的数据表明，GDP下降而其增速为负；然而创意产业总呈现增长态势。有些行业相较于其他行业增长更为迅猛：例如，音乐、视觉艺术和表演艺术的总增加额从0.29%增长到0.32%，而广告业则从0.55%下滑到0.48%。[3]

6.2.3 基于版权的产业

另一种可供选择的测量方式是基于产业对版权依赖程度（假定）进行分类。它最初是在美国推行，试图证明版权法的经济重要性。1990年至今，美国国际知识产权联盟发布的希维克报告（Siwek，2011）将以版权为基础的产业分为四类：核心版权产业、交叉版权产业、部分版权产业和边缘版权产业，测量其对美国经济的贡献率。这些类别将WIPO（世界知识产权组织）《以版权为基础的产业经济贡献率的调查指南》作为基础（WIPO，2003），已被应用于30多个国家的研究中。生产链发端于核心的创意内容（核心版权产业），随后辐射出一系列后续活动，同时范围不断缩小；因此其产出比依赖于其核心环节在所有生产链条中的估值，而且不能重复统计，同时还能准确测量出每一类别的总增加值。

在美国，按当前美元价值计算，2010年核心版权产业的GDP贡献率为6.4%，“总”版权产业的GDP贡献率为11%（Siwek，2011）。核心版权产业实际总增加值在2009—2010年增长超过了3个百分点，但在2008—2009年已经下降了3个百分点；“总”版权产业在2009—2010年增长超过了4个百分点，但在2008—2009年实际增加值已经下降了2个百分点。在英国，一些产业经历了持续增长，而美国2005—2009年期间电脑和视频游戏软件业年均实际增长率为10.6%。纵观世界知识产权组织关于30个国家的调查结果，核心版权产业对GDP的贡献中几乎2/3是来源于印刷出版（40%）、软件和数据库（23%）。如果英国采用2007年标准产业分类标准的话，这些数据很可能会降低，尽管之前并没有对此进行对比。

6.2.4 创意产业就业

创意经济另一个重要的经济特征是对就业的贡献。虽然总增加值相关数据具有复杂性，但是它们与就业有关数据比较就显得黯然失色了。等价分类系统、标准职业分类（SOC）体系等在就业数据统计方面难以发挥效用；这在第5章中已经有所讨论，一个创意工作者可以同时担任几项不同的工作，即使是在一个艺术分类中——例如，他可以同时兼任一个作曲家、指挥家、音乐表演者和DJ——除了从事与艺术相关或非艺术性的多份工作外，还从事兼职工作以及处于间歇失业状态。

在英国，创意工作就业统计数据包括，在创意产业中从事非创意性工作的雇员与自主就业者（辅助性员工），在创意产业中发挥创意作用的雇员，以及那些在其他产业中担任创意性角色的雇员。因此，2009年英国创意工作就业率为5%。在美国，希维克报告（2011）采用的员工数是从劳工统计局数据库中通过NAICS（北美工业分类系统）代码提取出来的。2010年，版权产业共雇用了1 060万名员工，其中有一半就职于核心版权产业，分别占美国总就业人数的8%和4%。

6.2.5 出口和进口

创意经济的另一个特点是通过国际贸易和国际收支平衡实现经济贡献。

我们经常听到由这个或那个创意产业出口带来的价值，却很少提及因进口导致的价值外流。事实上，除了美国，很少有国家能够实现净出口，甚至涉及具体的创意产业也是如此；例如音乐产业，除了美国以外，只有英国和瑞典企业实现了净出口。通常情况下，最大的出口国也就是最大的进口国，反之亦然，这是国际贸易的一个典型特征。

国际贸易数据将创意产业输出中的创意产品和服务区分开来，因此这两者之间的区别就变得非常重要。然而，商品分类并没有很好地反映出早前已经讨论过的创意产业分类。按照国际贸易统计规定，创意产品是有形资产，如书籍、报纸、杂志、CD、电影、艺术作品以及电视机、照相机和DVD播放器等。创意服务是无形资产，如个人的、文化及娱乐服务，更是难以估量。联合国贸易和发展会议与联合国教科文组织采用出货量和产品的美元价值来衡量贸易差额。以产品的美元价值衡量的贸易差额显示，中国有大量的贸易顺差，而美国的贸易逆差最大，其次是英国、澳大利亚和加拿大（UNCTAD，2010）。创意服务的贸易差额——视听及相关服务、版税和许可费——据报道是截然不同的，但进出口的对比揭示了其模式：美国出口额在全球总量中占据了一半左右，进口额在全球总量中只占1/5，而中国几乎没有任何出口，其进口额也非常低；2005年最大的净进口国是德国和加拿大，英国和日本是净出口国（UNCTAD，2008年）。创意产品和服务的贸易多发生在发达国家之间，发达国家既是进口商也是出口商。创意产品和服务的国际贸易增长速度迅猛，尤其是对发展中国家的出口，甚至高于国内生产总值（GDP）增长率。

6.2.6 所有权的国别归属

对创意产业价值的进一步思考，在于这些企业是属于本国所有还是跨国所有。有些行业中往往会存在部分企业是著名的大型跨国公司：图书出版、报纸和杂志行业就是一个例子，唱片业也是如此。新闻集团的全球资产涵盖了报纸、电影、电视和互联网多个行业；索尼的全球资产也包括了电影、游戏、音乐、电子消费、电脑硬件和电信多领域。谷歌在互联网行业占据主导地位，苹果的电子设备享誉全球。跨国企业可以选择它们的利润转向何地，在某些情况下它们甚至可以选择在何地缴纳税款。在创意产业中，大公司包括跨国公司的形成往往是通过并购完成的。一位艺术家与某个国家唱片公司签约，一位作者和与一个国家出版商签约，他们有可能会突然发现所有这些公司属于同一家外资集团。

6.3 创意经济的相关政策

创意产业的双重性质意味着它们跨越了文化政策和产业政策两大领域。创意产业范式的核心作用在于它们对经济发展带来的益处：它们对国内生产总值和就业贡献显著，并且其增长率常常高于平均水平。在上述数据中，“艺术”与文化产业之间没有区别：它们在创意产业分类中被合并考虑。并且，当我们仔细检查这些数据时会发现，“传统”艺术只占总份额中的很小部分。这些观察引发我们去思考创意经济的政策目标：它强调的重点仅仅是经济上的成功吗？什么是适当的政策？政策执行只有单一途径可行吗？所有这些产业是否都应该得到国家补贴或其他财政支持？在国际贸易和全球化进程中是否应当对本国文化进行保护？它们能在市场上生存下来吗？版权法是否具有充分的财务激励作用？

创意产业政策既是一国之事，也是跨国之事。许多国家现在都设立了专门扶持创意产业的政策，欧盟甚至也建立了一个泛欧洲的政策。国家政策试图在寻求对自身文化身份保护的同时，也刺激经济发展，而欧盟旨在协调整个共同市场的贸易条件；其中涉及采用共同法规并且已经导致了一些补贴的取消，但到目前为止，这些已经取消的补贴都与艺术无关。欧盟对创意产业有其自己的一套补贴和激励举措，尤其是在视听部门，在对非欧洲电视节目的时间比例进行控制的同时，也鼓励电影制作与发行的发展。然而，在欧盟内部存在国家之间的差异：一些国家，尤其是法国和德国，要求广播电台投入一定比例的时间用于播放各自国家语言的歌曲。另一条区别是有些国家制定了一个固定书价，使得图书在零售市场上的价格维持在一定范围之内，其目的是鼓励小书店的存在（同时也提高了读者的购书成本）。然而欧盟国家的增值税税率却是不一样的，如英国的图书业增值税税率为零。

6.3.1 产业政策

这些政策主要针对于中小企业，尤其是那些作为创意经济驱动力的小规模初创企业。尽管在创意产业中存在着许多大公司，但也有很多中小企业，它们往往仅有几个高技术人才。国家政策可能包括对初创企业的经济援助，鼓励搬迁到贫困地区，推进农村发展战略的实施。地方当局也提出了一系列产业战略布局，例如“头脑公园（brain parks）”项目，它们往往会在一所大学附近。创意经济催生了它自己的多种版本，如鼓励创意产业集群发展，通常会提供工作室、车间和小规模的工作空间，并有可能提供租金补贴，从而鼓励创意工作者进行创业和展开合作营销。这些将在第9章进行介绍。

知识产权（IP）保护政策——对专利、版权、商标和设计权的保护——被视为产业政策的一部分，因为它通过明确所有权以及建立契约信任等方式来协助贸易的顺利完成。第7章主要介绍版权在创意产业中的作用。有一种促进区域产业发展的知识产权形式是，在一系列产品上标有具有地理标志作用的标识，例如在葡萄酒、奶酪或大米等产品上，进而保护生产者和消费者免受假冒产品的侵害。

6.3.2 出口政策

与产业政策类似的政策是出口政策，它通过对个别企业、贸易代表团和类似机构的信贷保证来鼓励出口。出口政策的一种特别形式是在外国使馆中设立贸易顾问，与文化相关的贸易服务则有诸如英国文化协会和法语联盟等组织。出口的另一种形式是旅游业，国家旅游行政部门采用各种各样的方式吸引游客去它们国家。因为文化旅游以及节庆已经成为一个大产业，第9章将就此展开讨论。

6.3.3 就业政策

创意产业已经采用了促进就业、技能培训和学徒制等所有政策。鉴于艺术领域许多工作都具有短期性质以及短期合同的流行，失业救济金和劳工介绍所就愈显重要。此外，高技能IT人才的国际流动被公认为是创造力的驱动力之一。人才在国内或欧盟国家之间的自由活动十分重要，但这些员工绝大多数来自于欧盟以外的国家，他们的自由活动被限制了，例如需求工作签证就阻碍了他们的自由。创意产业中的一些劳动力市场，如那些音乐家、舞蹈演员和电影制作人组成的人才市场，都具有国际性，因此，无论是从文化还是经济方面考虑，人才自由流动是创意产业的必要因素。

6.3.4 数字经济政策

最后，为促进数字技术的发展、互联网的应用、带宽的升级扩充等等，政府还专为数字经济发展设计了具体的政策措施。当然，数字经济政策也与产业政策有关，且对创意经济作用重大。它们之间的关系越密切，可以被访问的文化内容就越多，如游戏和电影等，就越能刺激合法使用和未经授权使用的增长。

6.4 结论

本章涵盖的主题非常广泛，讨论的深度并不一致。其目的是概述创意经济，而经济在其中扮演着重要作用。虽然评估创意产业或以版权为基础的产业的经济贡献的具体细节对于读者而言味同嚼蜡，但更为重要的是，我们应当意识到并非只能选择一种途径评估创意产业，不同的分类将会导致不同的数据结果。以国内生产总值为依据，这些数据同样也被用于证明甚至是衡量“盗版”所带来的经济损失，以及第7章中所提到的，在未经授权的情况下，不恰当地使用受版权保护的资料。我们最需要认识到的是，这些数据可以（甚至是已经）被各种利益集团和游说团体操纵、误读以及歪曲使用，从而影响政策走向。

这里给出的数据并不代表争论的结束，寻求衡量创意经济价值的新途径迫在眉睫，并且新途径很可能会取代当前的方法。版权和其他知识产权愈来愈被人们视为无形资产，以版权为例，已经给版权所有者带来了大量的版税收入。它们带来收益的资产弥足珍贵，例如，披头士音乐的出版权（大部分）归披头士单独所有，但部分歌曲在1985年被迈克尔·杰克逊以4 750万美元购得，随后又在1995年以9 500万美元出售给了索尼。[4]美国和英国政府已经开始对某些创意产业的资产进行评估，尽管并不是所有的创意产业，但是我们可以期待未来将在这方面，以及版税和其他无形资产贸易的收支平衡等方面做出更多的努力。

即使这些数据是完美的，能够完全中立地反映创意产业的价值，那么其所指为何？数据并不能证明因果关系，也不能告诉我们为什么这些行业处于增长态势以及版权是否是其成功的关键。同时，数据也无法反映创意和文化对社会的重要价值，因为这些并不适合采用这种形式来测量。然而，在创意产业的各个行业中，数据被政府和人们视为是神圣不可侵犯的，许多官方文件也证实了这一点，尤其是加强版权保护的政策。这并不是说，创意产业在促进经济发展方面并不重要，相反它们很重要；相较于其他产业，创意产业挺过了2008年全球金融危机，此外，它们还娱乐、刺激并教育了我们。奇怪的是，文化经济学家尚未投入足够精力研究创意产业的这些方面，但文化社会学家已经对创意经济和创意产业的概念持批判态度，特别是针对人们将艺术和艺术家视为创意产业的一部分。文化社会学家关注的问题是这种举措作为艺术政策是否恰当，然而文化经济学家更关心的是创意产业中的经济组织及其对文化多样性的影响。

延伸阅读

2010年联合国创意经济报告（UNCTAD，2010）对上述大部分问题都有所涉猎，非常值得一读。同时，我强烈推荐理查德·凯夫斯的《创意产业：艺术与商业之间的联系》一书（2000），该书洞悉创意产业经济组织特征；戴维·索罗斯比的《文化政策经济学》（2010）谈及了创意产业政策的问题。此外，我还极力推荐吉莉安·道尔的《传媒经济学解读》（2013），它是研究视听产业经济与政策的尚佳读本。

注释

1 UN代表联合国，UNCTAD代表联合国贸易和发展会议，UNDP代表联合国开发计划署，UNESCO代表联合国教育、科学及文化组织，ITC代表美国国际贸易委员会，WIPO代表世界知识产权组织。

2 在北美自由贸易协议(NAFTA)的规定下，美国、加拿大和其他国家普遍使用北美产业分类体系，这只会使情况变得更加复杂。

3 英国文化、媒体与体育部在一定程度上低估了音乐产业，英国音乐(2013)对此提供了令人信服的证据。

4 参看www.snopes.com/music/artists/jackson.asp。

第7章

版权

版权的存在是为了鼓励文化产品和服务的生产和传播，从而促进知识的发展。其中蕴含的逻辑是，经济权利和人格权所构成的版权利益为作者提供创作动机，可以鼓励作者比在没有版权刺激情况下，更好地创作和供应艺术、音乐、文学等作品。

版权问题在本书之前的部分已有所涉及，因为这是一个在创意经济中对生产和消费都具有重要影响的问题。本章将讨论与版权相关的经济学问题，及其与文化经济学之间的关系。

7.1 经济与版权

版权法律为作者创立法定的财产权利，这种权利使作者可以用专有权（exclusive right）控制其作品的使用。如果需要使用一部被版权保护的作品，必须获得作者或其他权利所有者或作者权利代理人的同意。正是这些权利，使版权的所有者可以通过授予版权的使用权来获得报酬。版权的分配既可以是永久性的，也可以是有限期的，还可以被遗赠给继承人。第一个版权法是随着《安娜法令》（the 1710 Statute of Anne）的诞生而开始在英国施行，这个版权法将作者作为版权的第一所有者，但经出版商游说后，该法也有保护出版商利益的作用。在该版权法中，作品的版权保护期包括初始的14年，如果作者在世的话，可以再延长14年。而如今英国乃至全欧洲版权的保护期限则延续至作者死后70年。一旦版权期限终止，作品就进入公共领域，它就可以在无需授权或付费的情况下使用。版权法最初保护的是文学、艺术和音乐作品，随着新的艺术形式与复制手段的出现，版权法也逐步适应着这些变化，陆续将保护范围延伸到更多的创意作品领域。

其他国家也制定了有关作者权利的法规，但与英国的法律传统有所差异（英国的法律传统是后来美国以及其他很多国家版权法的基础）。“作者权利”一方面强调人格权利（moral rights），另一方面也强调经济权利。随着受版权保护作品的国际贸易活动越来越普遍，在《伯尔尼公约》（the Berne

Convention）框架下达成的国际性协议使得版权与作者权利之间更加和谐，而且由于新的复制和传播技术的出现，相关法律法规也做出了必要的变动。[1]在世界知识产权组织（World Intellectual Property Organisation，WIPO）的推动下，这一进程仍在继续。除此之外，其他一些与版权有关的国际协议也促进着国际贸易中版权问题的和谐解决，例如世界贸易组织（World Trade Organization，WTO）主导下的《与贸易有关的知识产权协议》（Agreement on Trade Related Aspects of Intellectual Property Rights，TRIPs）。

版权法也通过“相关权利”或称“邻接权（neighbouring rights)”来保护表演者、录音制品作者和广播电视组织的权利。通常而言，这些权利并非排他性权利，其适用时间从一部作品的定型之日算起。邻接权通常是获得报酬的权利，有时这些权利需要采取集体管理的方式，后文将详细解释有关集体管理的问题。最初，相关权利被纳入1961年的《罗马公约》（the Rome Convention）以及1996年世界知识产权组织的《世界知识产权组织表演和录音制品条约》（Performances and Phonograms Treaty，WPPT）。

目前而言，既不是作者权利也不是邻接权的创作者权利还包括：“追续权”或称“艺术家转售权（droit de suite or artists’resale right)”，这种权利存在于整个欧盟范围内，它使视觉艺术家们在其作品被转卖（通常是拍卖）之后可以分享到一定比例的增值价值。还有一种所谓的“展览权（exhibition right)”，即公共资金支持的艺术画廊支付给艺术家一笔费用，从而获得向公众展出艺术家作品的权利，当然也会收取参观展览的入场费；“公共借阅权（public lending right）”或“图书馆补偿费（library compensation payment)”，即图书作品被用于图书馆公共借阅的作者可以获得一定的费用。实际上，版权法包含着一系列权利，这些权利使其所有者可以控制诸多的版权用途，例如再生产、传播、改编，以及用多种媒体介质进行公共展演。换言之，在未获得作者允许的条件下，一本书不能被出版、复印、电子化再生产、翻译、在广播中诵读或改编为电影等。如果作者通过合同将这些权利授予出版商，作品被翻译时，仍需要作者和出版商双方的许可。这些活动中的一部分可能由出版商代表作者进行管理，例如，音乐发行商为他们发布的作品寻找签约唱片或在广告中使用。权利使用的市场环境不同，权利的价值可能会有所差异。对一部版权作品来说，支付给作者的版税（royalty）的多少取决于作者和出版商之间根据合同达成的有关版税所占销售价格比例的协议，例如，录音制品的版税大约在CD售价的10%。

7.1.1 版权作为经济刺激

版权的存在是为了鼓励文化产品和服务的生产和传播，从而促进知识的发展。其中蕴含的逻辑是，经济权利和人格权所构成的版权利益为作者提供创作动机，可以鼓励作者比在没有版权刺激情况下，更好地创作和供应艺术、音乐、文学等作品。经济动机是由排他性权利带来的，它使其所有者掌控着使用权以便征收费用来补偿创作成本。版权所有者对一部作品征收的版权费，可能会超过由竞争性市场带来的边际成本，以便覆盖其生产的固定成本以及市场销售作品的成本。与之相反，非法复制者不需要向创作者支付版权费用，而只需要承担复制本身所产生的边际成本，所以非法复制品的价格较为低廉，因而会侵占合法复制品的市场份额。正版复制品较高的价格往往会减少使用者的购买动机，这些使用者可能是最终的消费者，他们购买的是承载着作品的产品，如一本著作的印刷品；也可能是另一个创作者，他希望在一个现有版权作品的基础上创作一个衍生作品，如基于著作创作电影脚本。从经济角度而言，版权法需要在鼓励创作动机和保护作品的恰当方式这两个方面进行利弊权衡。

以上有关版权的解读基于其经济学角色的程式化视角。另一种视角则是从经济学和法学出发，考察版权法所具有的不同特征的经济学原理，例如范围和期限、衍生作品的操作、职务作品（work for hire）的原则等，这些问题都聚焦于交易成本，即使用者为守法起见，必须按照法律要求寻找作者或其他版权所有者以获得允许，在此过程所产生的交易成本问题。本章将会详细解释这些问题，同时也会介绍一些现有的实证研究成果，这些研究揭示了版权作为一种作者回报的有效性。

版权法也可以被看作一种规制工具，它规制着版税的分配，以及对作品有所贡献的不同主体之间的收入分配。这就带来了公平性的问题，而经济学理论在解决这类问题时并不总是有效的。前文有关动机的论证涉及社会效率，而人格权的动机则越来越倾向于同时包含公平和效率。

7.1.2 版权期限的经济学

虽然版权保护强度取决于法律规制的范围与其相关的免责条款(exceptions)，以及执行的程度，但是对版权法的更改主要集中在版权期限的问题上，即一部作品拥有版权的时间长度。虽然一部作品的期限是其作者逝世后的70年，但作品受到版权保护的时间可能会相当长，因为保护期实际上取决于作者创作这个作品时的年龄。例如，如果一个作者在75岁逝世，而其作品创作于25岁，那么这个作品的版权保护期就长达120年，在此期限结束之后，这个作品才能进入公共领域供大众免费使用。随着版权保护期限的长度不断被延长，经济学家从经济动机角度质疑其提供的附加值。在作品创作的过程中，作者自己承担着创作的成本，这一状况会一直持续到获得版税为止，而且作品是否成功本身就有风险。对于那些成名的作者，出版商会提前支付版税，提供阶段性费用并分担风险。有些作品的问世与盈利可能要几十年时间。考虑到大部分人更倾向于在当下而不是在未来获得收入，即便我们在创作中已产生成本的折现率仍然保持不变的前提下（假设保持在一个合理的折现率（discount rate）），一部作品在未来的版税现值（present value）也会在20年之后迅速下降，而且，研究已经表明，大部分已出版作品在一段时间之后就已经退出市场了（通常而言7年已经算是非典型的流通寿命），所以漫长的版权保护期并不能在经济上增加创作动机。例如，本书不可能直到2100年左右还能获得版税收入。即使一件作品确实可以在市场上存活至版权法规定的极限时间，站在创作者的角度，版税的回报所带来的激励其实意味着强烈的遗产馈赠动机。总而言之，可以得出的结论是，支持延长版权保护期的创作者对其作品的文化和市场价值拥有着坚定的信心，同时也对出版作品的商人十分信任，因此愿意为其作品在未来的成功放手一搏。因此，在投资的态度上，企业家们比个体创作者更能够采取较为长远的立场，也更有可能采用不同时间偏好的投资类型，而且有能力分担风险（pool risk）。对于他们来说，版权是商业资产（business assets），他们比创作者更加容易实现版权交易，这就是为什么创作者会首先选择与出版商联系，因为后者可以帮助创作者更快地进入市场。例如，企鹅出版社（Penguin Books）出售给兰登书屋（Random House）时，出售价格是由企鹅出版社所拥有的版权资产的估价决定的。

最近几年版权法的变更导致经济判断只能是事后反思性质的，因此失去了效用。从经济学角度出发，在创作一部作品时，现行制度，如将版权期限规定为作者寿命再加50年，为作者和出版商提供了关于在一部作品上应该投入多少时间和金钱的理性决策依据。如果这个期限被延长到70年，那么对于那些在50年制度下即将进入公共领域的作品来说，额外多出的20年中所赚取的版税就成为“经济地租（economic rent）”，实际上就是将钱从版权的使用者转移到拥有者。当欧洲录音制品的期限被延长到70年，上述“经济地租”问题就产生了。而这项有关版权期限延长的版权法变更在当时获得了一些收入较高的流行歌手及其唱片公司的强烈支持。与此同时，美国的《版权期限延长法案》（Copyright Term Extension Act，CTEA）也面市了，该法案阻止了米老鼠（Mickey Mouse）因版权到期而进入公共领域被免费使用。

7.2 激励和抑制

更长的期限和更强的保护措施对于创作者而言确有激励作用，但也有可能对创作新作品形成抑制作用，因为新作品本身就是对已有作品元素的应用，所以过度的版权保护会提高后续作者寻找版权所有者及获得使用权的成本。版权其实并不保护理念，它保护的是表达理念的方式。创造衍生作品（derivative works）的前提条件是，获得原作者（也许还有出版商）的许可，并且支付使用原作品的相关费用。实际上，对版权所有者来说，衍生作品可能比原作品更有价值。例如，一本书的电影脚本比原著的价值更高，因为衍生作品本身也会被版权保护，其创作者也可以从中获益。为了避免侵权，衍生品的作者需要为仍在版权期限内的作品支付搜索成本，如果原作品版权没有被登记，那么搜索成本会更高，而且随着版权保护期的增加，这种成本还会不断上升。另一个因为版权保护期限的存在而进一步恶化的问题则是，那些仍在版权保护期限内（或被认为仍在期限内）但又无法追溯其作者或代理商的“孤儿作品（orphan works）”。例如，图书馆或档案馆等机构希望把老电影、录音制品等进行数字化处理，以便于更好地保存及向大众开放，但因为是孤儿作品，这些机构无法获得复制作品所需的使用权限，数字化的计划就会因此被搁置。所以，版权保护强度和时间长度的制定，需要在保护措施带来的激励效果与过高的追溯和搜寻成本给创作新作品带来的制约因素之间找到平衡。

7.2.1 交易成本

经济学家关注由版权保护带给使用者的、普遍存在的交易成本问题，不管它是中间商还是终端用户。总体而言，版权保护系统的运行成本包括：获得版权许可的成本、组织支付的成本、法庭用于对违法用户实施强制执行的成本及其他类似事项的成本。而版权集体管理则可以减少上述费用。在经济学家看来，交易成本是一种资源浪费，它没有为社会福利做出贡献，因此应该尽可能避免。

7.2.2 版权保护的例外情况

有一种用于避免版权交易费用的方法被加入法律中，即对于某些特定用途而言，可作为例外情况免除版权授权，或对授权要求做出特殊限制。在英国，按照公平交易原则，允许一些例外情形的存在，如非商业用途的研究、个人学习、批判、评论和新闻报道等。在其他普通法系国家（common law countries），相关的例外情况更多。例如，在澳大利亚，戏仿（parody）也可以获得免除。在美国，为公平使用起见的免除范围更广，除上述所有情况之外还包括：授课（包括在教室内使用的多份复制品）、学术团体以及商业或非营利目的的教育用途的研究；获免情况也取决于版权作品的属性、被复制的比例，以及复制使用之后对版权作品市场价值的影响，如果有争端发生，则以法庭解释为准。在大陆法系国家（civil law countries），针对作者权利的详尽例外情况则被直接写入法律。

7.3 除版权之外其他创作激励方式

文化经济学和版权经济学尚有一个未解决的问题：版权对于创作动机的必要性究竟有多大？现在和过去许多经济学家在论及版权问题时都认为，版权对于创作并不是必需条件；一些人甚至认为是有害无益的。因此，一些学者考虑采用其他方式来支持文化作品的创作，包括商业模式和奖励。

7.3.1 商业模式

采用恰当的商业模式就能消除版权保护的必要性，这种建议由来已久，而且作为最新的替代方案仍不断被人提及。较为传统的观点认为，最先进入市场所获得的提前期（lead time）可以为竞争主体提供一种暂时但却有效的垄断权力；但是，这在数字化时代却很难实现，因为这里的“提前期”是以毫秒为单位的。然而，数字化却为价格歧视（price discrimination）和价值掠夺（appropriating value）提供了机会。“价格歧视”在创意经济中普遍存在，因为文化产品通过数字化的传播大大提高了它的市场范围；“价格歧视”是一种商业模式，这种模式使得产品供应商可以赚取比单一价格更多的利润，因为它充分利用了购买方不同的购买意愿。

在新颖性对品牌声誉影响较大的产业中，例如时尚产业，市场竞争本身的规律也许就已经提供了对复制行为足够的抑制作用。另一个模式则是“间接专属权（indirect appropriability）”，在这种模式中，即使是在没有版权保护或作品被非法使用的情况下，作品的拥有者还可以从其他收入来源中获益。例如，虽然流行乐队在发布作品之后，由于未授权使用现象普遍存在，其录音制品赚到的钱并不多，但是广泛的传播提升了作品和乐队的知名度，乐队就可以从举办现场音乐会中赚钱。另外，科学家和学者通常都很乐意看到自己的思想被广泛传播，即使是经由未被授权的使用方式，因为作品被广泛认可之后，学者就有机会要求更高的工资报酬。

7.3.2 评奖和奖励

无论是在过去还是现在，评奖和奖励都一直被经济学家们认为是另外一种对创作具有激励作用的替代方案。实际上，在各种竞赛、节庆以及创意产业组织的活动中，有大量针对文学、音乐创作和表演、戏剧、电影和电视节目的奖项。在这些活动中，奖励能够促进新作品创作，而且这些作品是经过同行评审的，所以认可度更高。同样地，文化资助也可以替代版权成为对创作者的一种奖励。

7.3.3 原创性

从文化视角出发，版权保护的缺陷之一就是无法有效地区分作品质量，生日卡中的打油诗和伟大的诗作都会以同样的方式保护。一些经济学家认为，版权保护任何作品，所以它对文化作品的生产过剩（overproduction）会有促进作用。与此相同的观点是，版权在事实上是一种“放之四海而皆准（one-size fits all rule）”的制度，是一种不加区分的激励手段。每一个作品或创作者实际上并不需要相同水平或程度的保护，尽管这正是版权保护所提供的。例如，一个先锋作曲家（avant garde composer）需要很长时间创作作品，而收回发行成本也需要花费很长时间；但是一个音乐铃声作品则无需相同水平的激励。当然，法律不加以区分的原因在于，没有人希望让法庭来决定何种作品值得被保护而其他的不值得。

7.3.4 人格权

对于许多艺术家或其他创作者来说，人格权——作品的归属权与保持作品完整性的权利（包括防止作品被改动、损毁或破坏）——也是一种对创作行为的激励。它是独立于经济权利的，即使经济权利被分配或被转移，作品的人格权仍然是属于作者的。在欧洲大陆法系的国家，人格权不能放弃，但在英国则能放弃，而美国则并不完全承认人格权是版权的一个部分。[2]尽管美国是《伯尔尼公约》（the Berne Convention）的签署国，而根据此公约，人格权被认为是构成作者权利的一个部分。尽管人格权独立于经济权利，但人格权具有经济价值，特别是以禁止使用作品的方式声称其人格权的时候。更重要的是，人格权对于艺术家来说意义重大，因为它体现着对艺术家创作和专业地位的尊重，这被认为是创作的重要激励之一。

7.4 版权对艺术家的价值

前一章概述了版权作为创意产业对国民经济贡献的宏观经济价值的测量问题，显而易见的是，这种测量均假设（assume）版权是创意产业生产的动机。在第5章中也论及过，有关艺术家和其他创作者的供给行为到底在多大程度上是被经济利益驱动，这一问题仍存在争议。下面将介绍评估版权对个体艺术家价值所涉及的一些主要问题。

7.4.1 雇佣过程中生产的作品

在被雇佣状态下生产的受到版权保护的作品，其创作者没有作品的拥有权；相反，雇主是作品的第一所有人，这是创意产业的常规，尤其是在电影行业、游戏行业和软件行业中。正因如此，关于版权对个体创作者经济激励的讨论对自我雇佣的自由职业者是很有意义的。其逻辑是，版权应该归属于能够最好地开发利用它的一方，也就是投资作品创作的雇主。另一种观点认为，有些作品的创作过程是系列性的，例如电影作品，其生产要集合许多参与者的技术和辛劳，而且在生产的每一个阶段都需要更多的投资，这增加了沉没成本，因此，除非雇主（或企业家）掌握着版权，否则雇员就有可能终止生产，并将提高工资作为继续工作的条件。但是，这里其实存在着一个灰色地带，由于作品常常是由企业委托和投资自由职业者完成的，所以究竟哪一方应该拥有所有权，这个问题上可能存在模糊性。但目前并没有研究结果表明这种现象非常普遍。

7.4.2 版税和其他费用

那些拥有作品版权的个体创作者通常必须联系出版商以使其作品进入市场。出版商大部分时候会提供一份标准的版税合同，合同中标明版税占销售价格的百分比（尽管这个数字通常不会在签署合同时决定）。这个合同会阐明哪些权利被转移到出版商，以及来自这些权利的其他使用方式的额外版税，如各种衍生作品，一首歌的管弦乐演出或者一部文学作品的其他语言的译本——版税则由作者和出版商共享。除了那些合同明确的用途，其他的费用根据版权法强制实施，例如现场音乐和录音制品的复印与公共表演（如电台与电视台）的费用。

作者作品与表演者作品这两个市场存在一个差异：合同签署的版税费用被作为一级市场，而其后的用途则被作为二级市场。虽然创作者可以监控依据合同所定的版税费用，但二级市场的版权使用由版权集体组织进行集体管理。来自其他各种用途的报酬，例如，公共借阅权和艺术家的转售权所获得的报酬，也支付给版权集体组织以便分配。

7.4.3 集体权利管理

版权作品的二级市场，因用途与传播范围不同而不同，这就使得单个版权所有者几乎不可能在不花费大量交易成本的前提下，获得本属于他们的版权收入。而集体权利管理则可以通过两种途径解决这个问题：一是通过本国集体组织进行管理，二是通过不同国家集体组织之间达成的协议进行管理，这些协议的内容包括授权、征收和分配收入、监督和强化著作权的实施。集体组织通常是非营利会员制的组织，它们专门从事特定系列的权利与作品的管理工作。会员将权利委托给相应的集体组织，集体组织支付会员其应得比例的版权收入，当然，集体组织也可提取一定比例的管理费用。那些为作曲家、歌曲作者和音乐发行商管理表演权利的集体组织是最古老的集体组织，它们涉及的版权收入额度也最高。例如，英国表演权利协会（PRS音乐协会）（Performing Rights Society）同时管理着表演权利和机械（录音）权利（mechanical rights），后者主要与音乐作品在电影和录音制品中的使用有关。

集体组织常常以所谓一揽子授权（blanket licence）的方式实现集体授权。因为会员已经把他们所有的作品都委托给了集体组织，因此它控制着大量国内作品的版权，同时它也代表外国的集体组织管理外国作品的版权。因此，只需要支付了一揽子授权费用，使用者就可以在全球范围内，十分高效地获得集体组织所管理作品库中每一件作品的使用权。一揽子授权不仅可以为权利所有者节省大量的花费，对使用者来说也是如此。因为使用者因此可以轻松获得所有希望使用的作品的权限。尽管存在以上优点，一揽子授权制度也有其缺陷。无论使用者使用了作品库中的一件还是全部的作品，获得使用权限的授权费都是一样的；一些使用者或许更愿意支付相对较少费用而使用有限的部分作品，但如果作品库需要被分开，管理费用又会随之提高。另一方面，执照费用制定所依据的是整个作品库中所有作品的平均价格，尽管较受欢迎的作品会要求更高昂的价格；如果授权的等级能够被分开，那么高级别会员的作品就会获得更高比例的收益分成。

授权费用根据潜在观众（如购物者、用餐者和旅游者等）的规模不同而有所不同，它们常常由著作权集体组织与其他商业组织或代表性组织根据详尽的收费标准来商定。而在分配问题上，为分配费用而计算单个作品使用情况是很困难的事，而且也不可能完全准确，除非要求使用者记录下每一次使用的行为。这对于大规模使用者来说，就意味着它们必须保留记录才能获得授权。例如，全天候播放音乐的广播台。因此，无论是对版权所有者还是使用者而言，一揽子授权使市场信号变得模糊了。然而，权利数字化管理的应用则解决了上述弊端。在数字技术出现之前，一揽子授权是最具成本效率的授权方式，尽管它有很多弊端。数字化所带来的变革也许将要发生。

然而，对于集体组织的主要批判是，它们垄断了其管辖之权利的授权服务，因此数年来多次遭到其他竞争性权威部门的法律诉讼。不过，人们从社会利益立场基本接受这种垄断，因为如果不通过这些集体组织，那么获取版权作品使用许可以及向其所有者支付费用的交易成本就会过高，这有可能会催生非法使用版权。如果没有对作品库的垄断控制，集体组织就无法提供一揽子授权。与此同时，相较于将权利管理服务放置于竞争性的市场中，垄断性组织的平均管理成本更低。这是因为，集体组织实际上就是经济学家们所称的“自然垄断（natural monopolies）”；在自然垄断情形下，产量愈高，成本下降程度就愈大。就集体组织而言，虽然每增加一件作品的管理以及每增加一个作者相关费用支付的边际成本很低，但是构建管理框架需要高昂的固定成本。集体组织需要建立一个作品库以及所有作品的详细信息，一个需要分配费用的会员数据库，以及一个被授权者的数据库，这三个数据库必须可以互相兼容并具有交叉参考的能力。

7.4.4 创作者版权收入的证据

以上回顾了艺术家和其他创作者从版权中获得收益的各种不同来源，所以现在的问题是：他们实际上获得了多少回报？不幸的是，正如关于艺术家劳动市场的章节中已经解释过的，这个问题并不容易回答。从集体权利组织那里可以得到一些有用信息（尽管它们是私人机构并且会保护成员数据），有些提供了有关作者成员费用分配的信息。这些费用分配行为揭示了一种典型的范式：在版权作品被使用之后，只有很少一部分个体赚得很高的版税，而大部分个体只能赚得很少，有的甚至分文未获。而且这些数据并不能反映全貌，因为它们只与一种类型的权利有关。例如，一个歌手兼作曲家可以同时从表演权利和作者权利两种途径赚取收入。尽管如此，在这种收入范式下，超级明星主导创意产业市场的趋势明晰地显现出来，因为普通的创作者的确只有微不足道的收入。更严重的是，从目前所获得的证据来看，数字化并没有改变这种范式，恰恰相反，数字化很可能加剧这种状况。

7.5 数字化对版权的影响

为了适应技术的变化，版权法已经做出了更新，以便互联网中传播的作品能够得到保护。尽管如此，在制定法律的水平、遵守法律的程度和执行法律的能力这三者之间仍然存在差距。世界知识产权组织的条约曾提到尽早将对数字化设施的保护纳入体系，例如，一些创意产业采用数字权利管理（digital rights management）的方式来保护自己的版权产品免遭非法使用。另外，采用新的商业模式也是一种受到欢迎的解决办法，新的商业模式可以为版权作品的价值配置提供更多有效的手段。例如，电影产业大规模缩短其收入“窗口期（windows）”，将电影和DVD光盘同时发布。其他产业也从音乐产业的错误中吸取教训，音乐产业试图保持着现有商业模式，即在面对消费者口味和复制技术都已改变的情况下，强行保护版权。线上音乐传播的发展已经对权利的集体管理产生影响，为此集体组织采用了新的科技方法来处理由于在线播放而迅猛增加的个人交易，以及应对快速增加的跨国授权需求。这些发展引出了关于一揽子授权存亡的讨论，以及小型组织是否有能力为管理国际化市场的数字权利而投入巨资购买技术设备的问题。

数字化所带来的另一个方面的影响是，它使诸如图书馆和广播电视台这样的机构，有机会使用数字化技术保护和（或）传播保存大量版权作品。因此，备份目录（back catalogue）对于出版商、广播电视台和唱片公司来说是非常有价值的。

7.6 结论

本章主要关注版权在经济方面的问题，版权对创意产业以及作为创意产业基础之创作者的影响。针对版权的经济学分析并没有被充分引入到文化经济的文献中，但可以期待的是，它在理解创意经济发展中的重要性将日益彰显。显而易见的是，随着新的生产方式、新的文化产品与服务以及新的消费方式的出现，版权法也应该做出改变。尽管市场的变化需要一段时间才能稳定下来，法律制定者在事情未发生之前对改变法律持谨慎态度是可以理解的，但法律必须做出与时俱进的改变。在过去数百年中，版权法不断改变，但仍保留许多初衷。但在数字技术出现之后，这些是否应该继续保持下去，仍有待观察。

延伸阅读

威廉·兰德斯（William Landes）是一位权威的经济学家，他关于版权经济也多有著述；值得强烈推荐的是其收录于《文化经济学手册》（Towse2011）的“版权”章节，该章定义清晰且易于理解。在同一本书中，还有威克多·金斯伯格（Victor Ginsburgh）撰写的“转售权”（resale rights）章节和迈克尔·拉什顿（Michael Rushton）撰写的“艺术家的权利”（artists' rights）章节也值得推荐。

注释

1 《伯尔尼公约》采用作者有生之年加50年为标准，一些国家，如欧盟和美国坚持作者有生之年加70年的标准。

2 美国《视觉艺术家权利法案》(1990)(the Visual Artists Right Act of 1990)虽然承认视觉艺术家的人格权，但是也规定这种权利是可以放弃的。

第8章

广播电视、音乐和电影产业

在文化经济领域中，自20世纪80年代以来，有关音乐录制和电影产业的研究话题主要集中在：经济组织（产业结构），需求不确定性的影响，供给和产出；后来，研究话题延伸到借助数字技术而未授权使用对受版权法保护的音乐和音视频作品的影响。这些产业具有一个共同点，那就是它们都具有寡头垄断的市场结构，即少数大型企业主导供给，与此同时，很多最具创新力的小型公司也与之共存。

广播电视业与私有营利性录音产业、电影产业以及非营利组织都具有相同的经济特征。虽然商业广播电视公司十分显赫，甚至在广播电视领域中占据主导地位，但还是有很多由国家直接或间接地资助的公共广播电视服务（Public Service Broadcasting，PSB），文化经济学已经用其传统方法研究它们的文化和经济特征，即福利经济学和条件价值评估法。媒体经济学也研究这些产业，因此两个领域存在很多重合之处；故此，本章将充分吸纳两大领域中的见解并将其作为彼此的补充。

广播电视、音乐和电影产业具有很强的经济关联。被录制的音乐不仅在广播电视传播内容中占据较大比重，而且，音乐产品可以作为歌曲或乐器主题的CD、DVD进行销售，也可以通过网络下载或在线播放（streamed，直译为流式播放，译者注）还会被大量使用在电视和电影中。电影产业与电视节目制作也有着紧密联系，在电影院上映的电影会在电视中播出，还会以DVD的形式销售或出租，或者通过下载或在线的方式传播。数字技术的出现对这些产业有着类似的影响：数字化促使这些产业开始回应消费者的互动需求，具体体现在让消费者拥有自选内容的权力，使时移功能（time-shifting）成为可能（即在任何时间观看特定内容，译者注），提供了实时反馈和社交网络等功能。与此同时，这些产业都很容易受到版权侵害，从直接非授权的商业复制到在社交媒体网站上广泛的片段使用。

现在，广播电视业这个名称或多或少是一种误称，因为这个术语指的是使用电磁波谱通过空气传播内容并且由安置在家中或公司里的收音机和电视装置进行接收。其他的传播形式，例如有线电视和卫星电视其实不算是“广播电视”，而数字广播电视则是借助互联网将电视内容传输给电脑和诸如手机、iPad这样的移动设备。[1]但是，广播电视仍然是一个方便使用的术语，而且也囊括了上述服务。

在文化经济领域中，自20世纪80年代以来，有关音乐录制和电影产业的研究话题主要集中在：经济组织（产业结构），需求不确定性的影响，供给和产出；后来，研究话题延伸到借助数字技术而未授权使用对受版权法保护的音乐和音视频作品的影响。这些产业具有一个共同点，那就是它们都具有寡头垄断的市场结构，即少数大型企业主导供给，与此同时，很多最具创新力的小型公司也与之共存。主导性企业，例如维亚康姆（Viacom）、时代华纳（Time Warner）、新闻集团（NewsCorp）、贝塔斯曼（Bertlesmann）则横向与纵向地整合了音乐、电影、电视、广告和发行等诸多业务。“无人知晓”（nobody knows）的需求特征是大中型企业普遍存在的原因。也就是说，在赢家通吃的市场（winner-takes-all markets）中，一首歌、一部电影或一个电视节目能否成功是不确定的。因此，文化产品的生产者必须采取策略来分担风险，从而用大约1/10的成功所获得的收入来覆盖其余失败部分的成本。所以，生产一部电影、一档电视节目或者是一个录音制品及相应的DVD的沉没成本就随之提高了很多，因为其中任何的成功产品都承担着补偿其余失败作品之成本的任务。并没有多少文化经济学家可以明确指出成功文化产品的指标，但实际上，即使是明星、大额预算或其他任何因素，似乎也无法解释究竟什么样的文化产品可以获得市场成功。

数字化通过消除文化生产和产品储存中一些环节的成本，极大地降低了供应音乐和电影的边际成本，而广播电视节目传输的边际成本原本就低。在收入方面，录音制品、电视节目和电影都拥有广阔的国际市场，这就孕育了有关全球化的分析，相关问题包括文化多样性，以及保护主义政策视角下外来文化对本地文化的影响。

8.1 参与

这些产业的产品消费非常普遍：在发达国家几乎每个家庭都会收听广播与收看电视，而许多商业场所也会在营业时间播放广播电视，酒吧、咖啡厅以及类似的场所都会为顾客播放广播电视。发达国家的大部分家庭都拥有多种类型的接收方式，包括固定和移动的，例如CD和DVD播放器、笔记本电脑、移动电话，这些设备都可用于播放音乐，同时也越来越多地被用于观看电影和电视。在美国，2/3的家庭拥有三台或更多的电视机。导致听众和观众消费方式变化的变革不断出现，如硬件技术革新、平台的标准化、宽带和通信的技术改进，这些都是广播电视、音乐和电影产业之外的巨大进步。实践证明，消费者们已经明显地适应了这些产品的接受方式的改变，而且消费者们已经逐渐向互动观看和收听转变。最典型的消费者驱动技术进步的例子是游戏产业，但此处并不涉及。观看电视的时间在一个时期内下降了，消费者的注意力明显地流向了观看家庭电影、游戏、社交媒体网站以及其他在互联网中具有更大吸引力的数字化产品；但是在过去的几年中，有关观看电视同时伴随多种活动的行为方式则变化不大。观众的电视观看时间随年龄的增大而增加，所以也许老年人有可能会振兴电视消费。

我们下文将述及每个产业的经济变化对其财务和商业模式的影响。尽管这些产业具有很紧密的共生联系，但是每一个也都有着不同的经济发展历程和技术变革特征，因此最好分而述之。

8.2 广播电视经济

无线电广播（over the air broadcasting）有两个具有经济学意义的特征：广播节目是非竞争性和非排他性的，任何拥有接收设备的人都可以收听到，因此它是一个公共产品。但与此相反的是，传递这个节目所依赖的电磁波谱（electromagnetic spectrum）是有限的，那么在使用上就具有竞争性，所以电磁波谱的分配就需要市场或者政府调控的监管。随着波谱的应用越来越多，竞争性也随之提高，但同样因为数字技术的出现，宽带容量也扩大了。在很长一段时间里，政府控制着波谱，将波谱分配到诸如广播电视、军事和民防、医疗救护等领域，而根本不考虑经济价值。但是，当新的、更具价值的商业用途出现之后，尤其是随着移动通信被普遍应用之后，政府开始拍卖部分波谱资源。其中一些拍卖的目标就是收益最大化，而另外一些拍卖则具有"选美比赛（beauty contest）"的特征，即售卖方要求出价者履行一些先决条件，例如保证向消费者提供低价产品，或者保证执业执照由本国企业获得。因此，广播电视的经济特征被改变了。提供公共广播电视服务的国家广播电视台必须跟商业机构竞争，既包括跟广播电视公司抢夺受众，也包括跟移动电话公司以及其他对手抢夺波谱资源。

无线广播电视的公共物品的特征意味着，直接从服务本身收取费用是不可行的，在许多国家，国家不仅给广播和电视服务提供资助，而且把这些服务放在很重要的位置。英国的广播电视业并非源于英国广播电视公司（British Broadcasting Corporation，BBC），而是起源于一个私人公司，但是，一旦政府意识到广播电视服务的潜力（好的和坏的），BBC就被塑造成一个基于宪章（Charter）的独立机构，这个机构依靠执照费（licence fee）的资助得以运行，执照费就是对广播或电视设备拥有者征收的税费。国会（Parliament）一直并将继续监管执照费，由此来保证对这项重要服务收费情况的公共监管。多年以来，BBC在对执照费与收入的控制以及内容的独立性等方面保持着良好记录。作为一个公共广播电视服务机构（PSB），BBC提供政治中立的独立新闻服务，以及高品质的广播电视节目。

曾经有一段时间，BBC所有的广播电视节目都由自己生产，从而培养了几代优秀的内容创作者和技术人员；但最近一段时间，BBC被要求从外部的独立制作人手中购入一部分的节目。BBC并没有垄断英国的公共广播电视服务，因为商业频道也提供它们自己的服务；BBC所垄断的实际上是自它成为唯一广播电视台所积累下来的巨量新闻文档和节目档案，现在这些都可以被数字化，然后可以用于免费或商业用途。在其他一些国家，无线广播电视是由国家拥有并经营的，而另一些国家的公共广播电视服务则是由私人提供并且集体订购，这就说明，尽管通常认为公共产品必须由国家资助，但事实并非如此。

国家拥有无线广播电视的原因之一是，广播电视设施的初始建设成本很高，在一些较小国家中这种项目对商业公司不具有吸引力，但国家所有并不必然等同于国家管理。国家垄断广播电视经营有着不同的动机：在一些国家，政府出于政治原因控制、审查以及否决传播内容，但在许多人口数量不多的国家，文化原因则占重要地位，因为广播电视内容会涉及语言、民族身份、传统和价值，以及民族或本地音乐的保护等。

8.2.1 商业广播电视

第二次世界大战后，国家垄断性广播电视台将其波谱和传播的垄断权转让给了那些依赖广告收入的商业广播电视商。这就为经典的双边市场模型（two-sided market business model）出现提供了机会：广播和电视台播出不同类型的节目，并根据不同的年龄组和特殊兴趣进行差异化分类；换言之，广播电视台采集受众收视率并在此基础上将受众的注意力（也被称为“眼球”）销售给广告商。广告商则需要支付广播和电视的时段（slot）费用，时段价格根据白天或晚上不同时间段以及潜在的受众规模而有所不同。某些播出时段能够吸引到最大量的观众，例如晚上六点的家庭收看时段，就会被以相应的价格销售给希望推广家居产品的广告商。因此，节目是免费提供给观众的，广告商对这些节目的资助也可以看作是对观众的补贴，而观众的“回报”则是需要容忍观看节目时被广告打断，当然观众是否真的“观看”广告则不得而知。另外，广告收入也会作为公共广播电视服务的收入来源。

8.2.2 有线和卫星广播电视

广播电视节目一直以来都是非竞争性的，因为一个消费者收听或收看了广播电视节目之后，并不会改变这个节目对其他消费者而言的数量、质量或其他任何方面。但是，通过有线和卫星进行广播电视节目的传播之后，节目供应商就可以收取接入这项服务的费用，如果消费者不付费，供应商就可以阻止其接入。节目供应商的收费方式可能是订阅费，也可能是按次计费（a pay-per-view basis）。有线和卫星广播的提供商经常从国内外广播电视商购入节目与新闻服务。

8.2.3 广播电视业的竞争

在广播电视业的竞争中，公共广播电视服务与商业广播电视台竞争的是受众数量、收听（视）率、广告费、电磁波谱、节目，以及播出体育赛事或其他大型事件的权限。受众的竞争主要体现在收听（视）率的数据上，这种竞争对像BBC这样的公共广播电视服务机构造成压力，迫使它播出更多受欢迎的内容。对广告商的竞争则超出了广播电视业的范围，因为广告商也可以将广告投放到报纸和杂志上（因为这两者也是支持双边市场的“平台”），以及广告牌上或使用互联网传播产品的其他类型公司。对于英国范围内的节目竞争，因为BBC被要求必须购买一定比例的外部节目用于播出，在其驱动下一些创业型的制作公司开始为广播和电视台生产节目。在欧盟，外国内容（包括欧盟内外所有其他国家）最多只能占国内播出机构播出时间的一半，其目标是促进欧洲节目的生产制作。成本病（cost disease）在视听剧目和其他需要演员、设备等投入的文化生产中非常明显，因此通过编排真人秀节目、游戏节目等方式来节省投入可以视为应对不断增加的成本（即“艺术家赤字”（artistic deficit））的一种方法。除此之外，也可以通过购买旧的节目或者电影来降低节目成本。

与此相似，数字广播电视极大地增加了收听范围和传播者的地理范围。广播经常被作为其他家庭或商业活动的背景，并且也是音乐产品最大的用户之一。在欧洲，通过广播向大众传播音乐（这里指的是任何的大众可能听到音乐的场所）需要分别从音乐作品管理以及音乐制品生产者管理的集体组织获取一揽子授权。这种执照费用对于小规模广播电视台来说可能过于昂贵，所以这些广播电视台可能会转而播出口头节目（spoken programmes）从而避免为音乐付费。随着微型广播电视台的发展，它们通常面向较小范围进行传播（例如医院），以及在线播放（streaming）等技术手段的应用，广播电视市场的竞争有所加剧。

8.2.4 公共广播电视服务的支付意愿

传统电视需要面对来自新型娱乐产品和商业电视台的竞争，这给公共广播电视服务及其保持高品质节目的收视率份额带来压力。在英国，电视执照费只需要支付给BBC，所以BBC在压力之下就需要提供受大众欢迎的节目，以保住自己的收视率；但不可避免的是，BBC会成为商业电视台向政府游说“公平竞争环境（fair playing field）”的攻讦目标。对公共广播电视服务的威胁，以及对节目质量（这是公共广播服务的优势之一）的担忧，催生了“针对公共广播服务支付意愿的条件价值评估法研究（Contingent Valuation studies to willingness to pay for PSB， CV studies to WTP for PSB）”，其结果显示，无论是否是公共广播电视服务的观众，都有意愿向由公共资助的公共广播电视服务付费。

8.3 录音产业

录音产业被广泛理解为音乐商业，也许是为了将其与受补贴的现场经典音乐表演相区分。但在实践中，二者却存在一些重叠，尤其是许多管弦乐队（orchestras）和合唱队（ensembles）都拥有自己的唱片公司。随着P2P（Peer-to-Peer）和MP3技术的发展，音乐产业在较短时间内经历了深刻的变化。虽然音乐产业在过去的一个世纪里已经成功适应了科技对录音制品的创作和发行所带来的一系列改变，但其最主要的商业模式还是曲目的销售，或以单曲，或是集结成黑胶唱片（LPs）、磁带、CDs或DVDs通过零售渠道进行销售，其中的一些由唱片公司所有，时至今日这个产业大部分仍依赖销售收入。在过去十年左右的时间里，这些收入下降迅速。文化经济学一个主要课题就是研究造成这种下降的原因，尤其是由于未授权的使用行为，例如CD的刻录、下载等，或者其他诱因。录音制品很早就受到版权保护，但还是无法应对由数字化技术和互联网的出现引发的失去保护的局面。在目前关于这个话题的兴趣出现之前，关于音乐商业的研究集中在产业结构对内容多样性的影响，以及对曲目成功因素的预测。

8.3.1 录制音乐的供给

录音制品的第一个生产阶段是作曲家、词作家、乐器演奏家和歌手的音乐创作。与其他形式的表演者一样，这个产业中有过量的供给，但只有相对较少的机会可以将作品进行商业化的录制和营销。音乐商业扮演着“守门人”的角色，在各个阶段中筛选着可能的新进入者。诸如艺术家经理人或“星探（A&R（artist and repertoire）scouts）”这样的中间商，他们可能是自由职业者也可能是为唱片公司工作，他们也可以筛选出有潜力的作品和表演者。决定被推广的作品会被制作成简报并送到唱片公司供“艺术家和节目侦探”审查。借助于数字录制技术，其录制音乐质量也有所提升。乐队、组合和单个表演者会创建网站，并在网站中陈列样带，同时也会在俱乐部和酒吧中举行几轮现场表演，以获得受众群体的关注。那些未能获得唱片公司青睐的表演者很有可能倾其所有寻求独立发行的机会，甚至独立销售的机会，有些人则会继续作为业余爱好者，也有可能从中获得一些收入，其他一些人则有可能离开这个行业。那些获得经理人、唱片公司签约的表演者，可能由此发布其作品并走上由专业唱片公司负责录制、营销和推广的成功之路。这些表演者可以签署一份合同，该合同将其受版权保护之的权利（包括发布、传播和其他等有关表演作品和表演者的权利）转移到唱片公司，作为交换表演者可以获得酬劳，酬劳通常以版税的形式体现。但是，许多已经完成录制的产品实际上并没有发布，因此表演者也就无法获得版税收入。

新进入行业的表演者通常会签约独立唱片公司。经独立唱片公司运营后非常成功的作品也许会被主流唱片公司收购，因此就成为大型唱片公司筛选体系中的又一个环节。如果一个组合或表演者非常成功，他们就可以从版税中预支一部分收入用于声像制品的生产，而只有非常顶尖的艺术家才可以预支足够多版税来覆盖前期成本。那些被唱片公司认定有潜力成为“摇钱树（money-makers）”的表演者会跟公司签署一个协议，该协议会标明唱片公司未来将为该表演者发布的专辑数量（一般而言是八个CDs或DVDs），但唱片公司并不承诺一定会发布这些专辑，所以实际上大部分风险还是落到了表演者身上。对于唱片公司来说，风险是大约1/10的成功唱片不足以覆盖前期生产和营销推广的成本。

因此，录制音乐的供给者包括了主流公司和独立唱片公司。这些独立唱片公司的专业技能和经济来源各有不同，有可能是由表演者自己录制和营销（或者免费传播）的。在数字化技术出现之前，录音制品是在商店中销售的；现在唱片公司发布的音乐可能兼具实体形态和数字形态，后者大部分通过付费下载与在线播放形式传播。

8.3.2 录音制品的产业组织

就其传统上来说，唱片产业是纵向整合的，唱片公司控制了录音制品生产的每一个阶段，从跟乐队和歌手签约，到在自有的商店里零售录音制品。它们拥有录音工作室并组织录音。除了这样的纵向整合，大型唱片集团——现在只有三家：环球唱片（Universal）、索尼BMG（Sony BMG）和华纳唱片（Warner Music）拥有大多数的唱片公司。这种寡头垄断结构控制着整个市场。

在过去几十年里，唱片业发生了巨变：很少有唱片公司拥有它们自己的录音工作室（即使伦敦艾比路工作室（Abbey Road studios）拥有披头士（Beatles）的名声，之前被百代唱片（EMI）所有，现在也已经转手到环球唱片手中），因为艺术家喜欢使用自己选择的录音工作室，而零售渠道则因由于反垄断（反托拉斯法）的规制而被售出了，或者由于不敌网商竞争而关闭了。如今，录音制品会被放置到许多非专门渠道，以更具有竞争优势的价格销售，例如书店、超市或者网络销售。因此，音乐产业的纵向整合减少了，而现在的唱片公司最主要的功能是，管理它们从艺术家那里获得作品的权利及其录制权利。这个产业也有横向整合，这也已经引起了竞争监管当局的注意，因为音乐出版巨头比录音企业的盈利能力更强。

为什么这事关重大呢？因为音乐是文化的一个重要组成部分，但其中只有很小部分被录制下来并通过大众媒体传播。虽然占据主导地位的唱片公司决定什么音乐会流行，什么会变成全球性青年文化的一部分，但是这些公司的目标是经济收入而并非艺术价值。因此，音乐产业的集中程度，以及产业巨头并购那些本可提供更多元音乐形态的小型公司的趋势，不仅决定了可供消费者选择的文化类型，而且给予这些巨头决定价格的经济权力。

随着音乐数字化的发展，音乐产业失去了对音乐服务提供者在培育用户以合法手段获得线上音乐及其互动性使用方式这些方面的控制，例如iTunes和Spotify这样的在线服务（streaming services）。那些逐步成长起来的大型唱片公司，已经被那些适应数字世界规则的公司所取代。“创造性毁灭（creative destruction）”的概念被应用到录音产业中：那些没有适应新技术的公司会被更具创新性的公司逐出市场，这样的竞争可以推动经济的发展。

8.3.3 录音行业的商业模式

录制音乐可以在广播和电视中收听，也可以在家中、车里的固定接收器以及移动设备上收听。对于普通听众来说，广播音乐是由传播它们的机构付费的，这些机构必须获得集体组织授权以补偿表演者和唱片公司（如第4章所述）。实体版本的录音制品允许其购买者无限次地收听作品，以及将其赠送或借给他人；销售价格就成为唱片公司的收入来源，用来支付艺术家的版税，以及营销和推广的成本，最后剩下的就是利润。下载的或在线收听音乐的商业模式则较为多样，可能是一个作品集的“无限使用（‘all you can eat’）”式订阅，也可以是“按项目收费（á la carte）”的服务，即听众按照收听曲目付费；这两种都是实质上的销售，版税通过供应商支付。根据本地版权法，下载的曲目也许不能够分享甚至不能从一个设备转移到另一个设备。线上音乐流服务也许会免费提供音乐给消费者，而通过广告获得资助，就像电视的双边市场那样；音乐供应商Spotify提供给消费者以付费方式避免广告打扰的选择。

8.3.4 需求和非法使用

需求是对于一种服务在不同价格上的购买意愿（WTP），一个普通商品的价格越高，它的需求量就越低。对于一些商品和服务来说，需求取决于互补品（complements）的价格（消费某种商品或服务时需要一起使用的物品），而对于某个产品的其他需求则取决于替代品（substitute）的价格。iPod是iTunes的互补品，所以如果iPod的价格上升，那么下载音乐的需求就有可能下降；但是如果听CD和下载音乐互为替代品，那么CD价格的上升就会带来音乐下载需求的上升。

音乐的非法使用既可能是合法需求的互补品也可能是替代品，最近很多关于音乐产业的研究都聚焦在这个问题上，对非法使用及其对合法销售替代作用的研究则侧重于测量两者的需求。早期研究显示，非法使用具有“试用（sampling）”的功效，它能够诱发消费者购买该产品，在这个意义上，非法使用与合法使用是互补关系。

后来的研究则倾向于表明，非法和合法使用行为互为替代品，而且这就是唱片公司收入下滑的原因所在。起初，唱片公司公布收入损失数据被质疑是贸易委员会制造出来以游说政府获得更强的版权保护。后来，人们承认其收入损失是由非付费行为所致。尽管如此，人们仍旧认为，这是音乐产业自掘坟墓的后果，因为唱片公司没有积极回应消费者对单个曲目的需求，而是一如既往地提供CD。因此，对录音制品的需求不仅反映着免费与付费之间的选择；同时也反映着需求变迁，这种需求变迁源于适应音乐获取与欣赏方式变化而发生的趣味变化。有迹象显示，随着数字音乐服务唾手可得且增长迅速，非法使用已经有所减少。最后需要说明的是，不可能所有非法使用行为都转化成购买行为，因为有些需求只有在产品价格低于市场价格的情况下才会成为有效需求。

8.4 电影产业

电影产业较为复杂，它包括电影的制作、发行和展映。电影产业经历过许多与音乐和广播产业相同的问题，但它凭借更加快速的适应措施避免了音乐产业所受到的来自于数字盗版问题的威胁，同时也由于受限于宽带和下载技术水平而得到了一段时间的庇护。与音乐作品相比，想要免费获得与合法版本相同质量且可以在家里播放的电影，则更加困难。

电影有各种各样的发行渠道，在传统模式中，电影发布顺着一系列的“收入窗口”（revenue windows）展开：电影院展映、销售给电视台、面向大众的销售或租赁，以及通过视频、DVD和流媒体等其他业务模式。这一实践模式使得价格歧视策略变得可行，因为收入窗口基于以上不同渠道中产生的边际收入的“串联（cascade）”。这一模式在全世界范围内被普遍应用，但基于地区性权利的不同联盟类型也会有所不同。电影通常是在特定地域范围内发行的（而录音产品则可以在世界范围内发行），针对每个地区设计营销策略，这显然就是为什么电影不会在全球范围内同步上映的原因。这就给电影产业与非法使用行为之间的斗争带来麻烦，因为非授权的复制品可以通过互联网在全球范围内传播，而在一些地区合法授权版本的上市时间会相对较晚。按轮次上映的原因之一是，电影复制需要一定的成本，但随着数字化技术的出现这个问题已不复存在，因为数字化技术已经使电影可以被便宜地复制并通过卫星传递到全世界范围内拥有数字播放屏幕的电影院，这就使得全球范围内同步上映在技术上是可行的。与其他创意产业所面临的难题相同，电影产业也需要重新调整商业模式以适应数字世界的需求，因为电影产业已无力从技术层面实现排他，也无法依赖版权法保护。针对在未授权情况下的电影分享的研究到目前为止还尚未出现，它们对电影发行构成的伤害到底有多大，也无法精确估算，不过电影发行仍然是这个产业中最重要的收入来源。

8.4.1 电影票和收入

在20世纪40年代以后，随着电视的普及，欧洲和美国的电影票大幅降价，在美国这种情况大概发生于20世纪50年代，大约10年之后欧洲也出现了这个趋势，但在20世纪80年代之后，电影票的价格又回升了。在英国，电影票价也上升了并由此带来了电影产业收入的增加，而北美电影票房收入的增加是因为观影人次的上升。与此同时，国际电影市场上的观影人次也有上升。带来电影票价上升和好莱坞电影需求增加的一个重要原因是，这种电影满足了消费者对大屏幕和（或）3D电影的高科技和特效的特殊需求，而这类效果是家庭观影方式无法提供的。

8.4.2 电影产业的产业组织

电影生产需要将大量具有艺术或科技技能的人员，按照既定时间表在不同阶段统一协调；每一个阶段都需要资本投入，随着电影生产接近于完成状态，成本也不断累加起来，因此要避免大功即将告成之际而生产流程中出现失败。电影需要花费巨额投资，而且大部分都是沉没成本，这就更加凸显了把控每一环节的重要性。因此，签署合同对于保护投资具有重大意义，尽管由于新作品创作具有天生的不确定性，可能导致很难执行合同。

好莱坞吸引了很多文化经济学家的注意力。好莱坞在20世纪30年代建立起的“制片厂制度（Hollywood studio system）”就是一种纵向整合的典型模式。在这个模式中，生产过程中的每一个环节，包括剧本写作、音乐创作、演员、技术人员以及其他生产人员，都要跟制片厂签约，而制片厂的设备和电影院曾经都隶属于几个大型电影公司，即派拉蒙影业（Paramount）、米高梅电影（Metro-Goldwyn-Mayer，MGM）、21世纪福克斯（Twentieth Century Fox）、哥伦比亚（Columbia）和华纳（Warner）。1948年，著名的“Paramount case（派拉蒙案）”的判决要求电影公司出让它们的影院经营权，从而结束了几大电影公司的垄断地位。尽管电影生产链有些环节是通过市场购入的，但是仍保留了不少的纵向整合，而且其与电视节目生产的横向兼并不断增多。

欧洲电影产业的组织形态与好莱坞的差异很大，其组织特征部分地反映了欧洲电影产业在某种程度上依靠补贴的事实。这使得电影公司多是基于一次性补贴项目而形成的，因此电影公司频繁进出电影产业。

8.4.3 电影产品的供给

电影产品的供给异常复杂：并不是所有电影皆用所有形式发行，一些电影会只用DVD形式发行，其他的则同时通过电影展映和DVD发行。如今，就产量而言好莱坞早已不是霸主了，其位置已经被宝莱坞（Bollywood）和诺莱坞（Nollywood）所取代，宝莱坞位于印度孟买（现名是Mumbai，曾用名是Bombay），而诺莱坞则位于尼日利亚，后者用小型设备生产大量视频并销售给非洲观众。

8.5 结论

本章中介绍的三个产业拥有一些相似特征：它们大部分是商业化大众媒体，吸引着广泛的受众，呈现出相似的寡头垄断的组织结构。正因为此，每一个行业都必须在反不公平竞争法的规制下引入竞争机制，而公共广播服务则大多受到保护。这些产业也在一定程度上彼此整合，而且科技发展，尤其是数字化技术极大地影响其商业命运。它们在获得版权法保护的同时，也为了适应新环境而寻找新的商业模式。

延伸阅读

本章仅论及这些行业的某些经济学特征，至于其详细内容则有大量优秀文献可供参考。吉莉安·道尔（Doyle，2013）的《理解媒介经济学》对媒介产业与媒介政策有着最前沿的分析。凯夫斯（Caves，2000）的《创意产业》分析了音乐和电影产业的组织形态，而在其2005年出版的《转换频道：电视业的组织与变迁》（Switching Channels: Organization and Change in TV Broadcasting）则涉及了广播电视产业。在哈罗德·沃格尔（Harold Vogel，8th ed. 2010）修订多版的《娱乐产业经济学》（Entertainment Industry Economics）中则对美国所有娱乐产业的有着细致分析。露丝·陶斯（Towse，2010）的《文化经济学教程》则列专章分别讨论这三个产业。关于数字化对音乐、电影发行和电视产业的影响可以参见威尔卜奥克、汉德克、斯特潘以及威瑟斯（Waelbroek，2013;Handke，2013;Stepan，2013;Withers，2013）等人的研究成果。

注释

1 第3章曾提及歌剧、戏剧表演以及大英博物馆展览通过数字流媒体技术在电影院现场直播，严格意义上说，这还是“窄播(narrowcasts)”，因为它们只传播给指定的目标接收者，虽然任何人只要有合适的设备就能收看。

第9章

节庆、文化城市、创意产业集群和经济影响

节庆、文化之都和创意集群，都很有可能列入促进经济发展与增长的议事日程，其促进作用常常是通过文化旅游方式实现的。因此，人们常常会通过一定的评价程序，如经济影响研究，对其未来的经济与文化收益进行详细审查。

本章涵盖了一系列具有相似经济属性的文化活动，它们都产生外部效益且获得公共资助。节庆是人文景观的重要标志性特征之一，它使时节、地点的类型或内容去同质化；其举办时间纵贯全年，其时间长度可以从一天至几周（如英国广播公司音乐节持续了3周时间）；其举办地可能是城市、村庄或运动场，其内容也千差万别。每年夏季在爱丁堡举行的节庆就是一个混合型的例子：爱丁堡国际艺术节是展演的平台，它汇集了来自于世界各地高质量的表演艺术，它们在3周时间内、在全市范围内的场馆里进行表演；与之相关的爱丁堡边缘艺术节则汇聚近2 000场演出，其水平参差不齐，从非常专业的到没有太多前途的业余表演。它们在任何一个你能够想到的空间进行表演，并且它们与书籍、爵士、电影、电视、音乐和互联网共存，此外还包括当代亚洲艺术节、当代艺术年度展以及军乐节。其他艺术节的主题都较为集中，如围绕某位作曲家作品的民歌节或音乐节，例如有关瓦格纳作品的拜罗伊特（Bayreuth）音乐节。每年全球各地有成千上万的节庆：宗教的、世俗的，流行的、业余的（dilettante），传统的、创新的。一些著名节庆都是由私人资助的：即使如此，它们可能产生外部效益或费用。文化经济学家根据其通过创造收入和增加工作机会而对当地经济产生的影响，对节庆的经济特征进行研究，其结果是发现节日与文化旅游联系密切。

在经济效应上，文化城市与节庆有相似之处。它们可能获得了遗产地命名，如联合国教科文组织遗产目录，或者它们能够提供大量的文化机会，如那些遴选出来的欧洲文化城市。创意产业集群在某种程度上与它们有所不同（尽管它们可能就在文化城市之中）；它们基于这样一个观点：创造者和创意企业亲密接触，其所产生的创新力大于各部分相加的总和，换句话说，集群具有外部效益。

对于文化经济学家而言，文化旅游同样也是一个研究话题。人们注意到，在过去几十年时间内，文化旅游增速明显，这要归功于如下多种因素，即更多的财富与休闲时间，相对较低的飞行费用，以及各种文化活动与文化景点打包而成的假日的出现。有些地方已经开始通过电影或电视纪录片来做免费广告，如电影《指环王》位于新西兰的拍摄地就成了旅游目的地。文化旅游被视为节庆和文化城市的经济收益的一部分，并且被视为收入增长源。

因此，这些话题都有一些共同经济特征：特定地理位置，涉及投资，为消费者和生产者提供诸多利益，利用规模与范围经济，以及产生外部效应。此外，这些活动也被充分利用于城市再生政策中。文化经济学一方面将这些特征加以理论概念化，另一方面对成本与收益进行经验测量。

9.1 集聚经济和捆绑销售

集聚经济效益为这些特性提供了理论基础。人们常常会被拥有能够提高他们生活质量的文化设施的城市所吸引，反过来他们作为观众和游客，又为这些设施提供了需求阈值（threshold demand）。这个过程是不协调的，它是个体效用决策的结果，但是它增强了他人的效用，从而引起外部效益。同样，创作者受益于一个城市所提供的不断增加的机会，如其他创造者的存在、创新氛围及工作所需之原材料供应与劳动力。在经济学家看来，这是市场力量作用的结果，这些市场力量来自个体的动机，在某些情况下则有“路径依赖”性，即某些特定投入在某个地区被视为初始动力；如在西西里岛的卡尔塔吉龙（Caltagirone），陶工们制陶黏土的出现，使得陶瓷工业蓬勃发展，进而从其他艺术活动中分离开来。其他情形，如游戏行业，大量人力资本和社交网络机会被看作是其成功的基础。集聚经济促进专业化，专门技术的庞大市场能够让个体不断发展这门技术，因而提升生产力以及规模与范围经济。因此，就业率提高，收入也随着生产力提高而提高，这会导致包括创意产品和艺术在内的消费的增加，而这些产品的需求富有收入弹性。这是财富创造的一个良性循环。

创意产业政策不仅促进文化产业集群的发展，而且通过提供设施来吸引创意人才以及各种活动，如提供位置相邻的工作室和工作坊。有关这些政策是否能够带来持续性的创意产品的问题尚无定论：那么这些决策是否能够实现与由个人动力自然引发反应所造就的相同结果？也许，我们可以认定的是，它至少提供了一个最初的契机。

节庆常常将各种文化产品供给捆绑起来，这是看似奇怪却有关联的现象。在许多经济领域，捆绑产品是一种常见的做法，特别是存在规模和范围经济领域、捆绑行为的成本低以及消费者购买组合产品更便利等情形下。这对于参与节庆活动的艺术机构而言具有规模效应，因为节庆管理者将其节目捆绑起来营销，从而能够提供多个艺术组织的表演和多种艺术形式的演出，以实现规模经济效益。对于消费者而言，组合产品门票预订的信息成本和交易费用相对更低，并且参加活动的固定成本，如交通和住宿，可以平摊到多场演出活动中。另外，组团旅游能够获得门票或其他费用的特别优惠，从而使消费者受益。

节庆还可以通过提供演员及类似的人员更多场次的表演而减少活动的成本，这也保障他们有一定的工作量。在这种情况下，那些自由职业的演员往往愿意减少演出费。此外，那些雇佣制演员，如乐队的雇员，可能在夏季间歇期参加节庆活动；传统上，7～8月举办的拜罗伊特音乐节的乐队多由德国各地正在休假的乐手组成。

9.1.1 文化之都/联合国教科文组织名录

文化之都和联合国教科文组织名录带来的经济效益类似于节庆。欧盟命名文化城市的政策（如今称为欧洲文化之都），始于1985年的希腊，现在也被美国借鉴并采取了类似的政策。它不同于那些被联合国教科文组织名录命名的世界遗产城市，如意大利的诺托（Noto）、土耳其的伊斯坦布尔历史城区（centre of Istanbul）和哥伦比亚的卡塔赫纳（Cartagena de Indes）。然而，它们具备一些相同的经济特征。欧盟政策的目的是歌颂欧洲文化和促进对多彩欧洲文化的理解；这个政策还旨在推动城市再生，改善城市国际形象，促进旅游并提升当地居民眼中的城市形象。欧盟按照轮换制度从各国政府提交的申请名单中提前几年挑选出两个来自不同欧盟国家的城市。各国政府都被要求提供高级别的保障，保障新的方案与建筑必须有资金支持并按时完工，而且相关资金准备充足。同时欧盟也给计划提供金融支持。2014年，拉脱维亚的里加（Riga）和瑞典的于默奥（Umea）就是于2010年被正式选定为2014年的欧洲文化之都。英国也启动了自己的英国文化之城项目，首个文化之城是2013年的德里/伦敦德里郡（Derry/Londonderry）。尽管文化活动被视为这些政策的主要价值所在，当然也充分强调其长期的、可持续性经济效益。

9.1.2 城市再生

与经济方面密切相关的是，将文化机构的投资作为城市再生的一种手段。城市再生涉及重建那些通常位于城市中心的破旧或废弃的场所，以及重构贫困地区居民的社会资本。艺术和文化被视为实现这些经济和社会目标的一种途径，因此，它们具备外部效益。然而，对于经济学家而言，他们则质疑文化机构是否是城市再生最具有成本效益的途径；也许一个体育馆能产生更多的净效益。这些项目投资回报最大化的双重目标——可持续的长期净效益与文化活动参与度的提升——未必是一致的。这两种观点都引发文化经济学家广泛参与计划的评估工作。

与城市再生相似，文化旅游也被认为，无论是在发达国家还是欠发达国家的经济发展中都有显著作用（这个观点由国际组织提出，并在联合国创意经济报告中得到证实，本书第6章已经讨论过了）。经济影响研究的原理可以应用于所有这些主题。

9.1.3 规模不经济

集聚经济与规模经济的其他表现只在一定程度上是有效的，一旦超过这一程度，规模不经济就出现了。就文化经济而言，最常见的例子是由于过度旅游开发导致城市设施的过度利用，从而带来拥堵成本。对游客和其他观光客只收取涵盖直接成本的过低费用，引发需求增长，并导致间接成本上升与游客体验效用的下降。间接成本产生于城市设施的过度使用，如道路、人行道和停车设施，以及观看遗产建筑、参观博物馆时造成拥堵等等。而其他外部成本，如由于没有或无法对游客收取全价而导致成本上涨；城市当局可以尝试通过对旅游设施增税的方式来改善这一问题，如停车场、咖啡馆和饭店，但游客也可能造访城市却不使用这些设施。威尼斯已经开始面临这种问题，许多“低质用户（low-user）”晚上住在城外，白天却待在这里。拥挤也是阻碍富裕游客出游的一大因素，以威尼斯为例，其结果就是旅游收入已经开始逐年降低。

9.2 经济影响研究

经济影响研究与成本效益分析密切相关：这种分析能够使决策者了解“项目”支出的社会净边际效益，这个术语常常被应用于某一活动中的计划投资。这一研究考虑到了私人的及外部的成本和收益。净社会效益表明社会福利将会增加。项目则可能是提供一种新的设施或保护现有的设施。而如果是城市再生或计划申请文化城市，则项目可能涉及上述两种情形。一旦被指定为文化城市，就需要很多新项目——每个细节都可以被看作是一个“项目”。经济影响研究还可以用于现有活动中，例如，评估现有的节庆。经济影响研究的本质特征在于，它能够将不同竞争性项目或资源的使用方式进行比较，因为它们也可以被用于其他目的，因而有机会成本。这并不是说制定决策要完全建立在研究的基础之上：研究只是为了供决策者参考。此外，“资源的最佳利用”并非必须是成本最低的那一个，因为我们也要考虑该项目的政策目标。

影响研究要比较一个项目的支出或投资，这些都可以事先知晓或估算出来，由此我们可以得知未来预期收益，包括直接和间接收益，如改善社区形象或扩大经济刺激。并非所有项目都能够量化，因此必须考虑定性收益(qualitative benefits)。由于投资发生在收益产生之前，计算净现值时需要折现未来收益，以便能够对比初始投资的成本与回报。未来经营也会产生一些运营成本，这也必须纳入净现值的计算中。在计算中涉及的经济学概念将在下面进行详细描述。

9.2.1 现值

现值就是指未来现金流折算到现在的价值。它是复利的反向计算：例如100英镑年利率为10%，一年后的价值为110英镑，两年后的价值为121英镑。比如说在2014年投资了100英镑；在2016年，它的价值将是121英镑。我们会说，2016年的数额在2014年的现值是100英镑。

两个因素决定给定数额现金的现值：投资数额的年限以及适当的利率或贴现率。

时间范围

为了估算项目的成本和收益，必须确定成本和收益的时间范围。尽管该项目完成所需时间很可能在计划里已经确定，但是确定何时获取全部收益的具体日期则十分困难。如果这个项目计划在3年内完成，那么其回报则至少再延迟3年。如果按照现值计算未来价值，其价值将会迅速缩水，这也就意味着初始阶段费用在现值计算占据重要地位。

贴现率

贴现涉及“时间偏好”的比率：人们宁愿现在拥有一笔钱而非将来拥有一笔钱，因此他们要求以利息形式予以补偿，而且这种补偿要使得其现值等同于其未来价值。有些人时间偏好率“高”，他们急于取现，而那些时间偏好率“低”的人，则更愿意等待。贴现率反映了时间偏好率。为计算现值，人们常常取用平均社会折现率。[1]

9.2.2 成本

应考虑的成本包括立项所需支出的总和加上维持它所需的预计成本。例如，该项目是建造一个新画廊，其支出成本则包括以下各项估算成本的总和：建筑、陈列设施、维修、加热、除湿、照明、清洁和安保等运营成本。如果该艺术画廊持续经营，这些成本则每年都会发生，因此必须将其成本折算为现值用于比较其回报或效益。

9.2.3 回报

以画廊为例，收益包括门票销售收入和通过其他设施获取的收入，如书店或者是咖啡馆，以及其他诸如资助或画廊启动和运营时所获得的赞助。一旦知晓画廊的开张日期与预期经营年限，那么就应自预期经营年限终止日，将在此期间每年的回报（收益）折现。

有了这些变量，就可以计算其未来回报的现值，并可与成本价值进行比较。如果二者相等，这就表明该项目可能会“亏损”。如果它有明显的外部效益，决策者也许会接受这一项目，即便项目预期收益会低于成本。另一种决策方法是，计算出能够使未来收入刚好等于成本的贴现率，将其贴现率与其他竞争项目的带来回报率进行比较。

这些计算都是技术性问题：重要的是其基本原则，即贴现率不仅能够使成本和收入折成现值，同时它允许决策者比较选择这个而非另一个项目产生的机会成本。其判断标准是所选项目能否增加社会福利，以及挑选那些能够最大程度增加社会福利的项目，即实现这笔投资社会净效益最大化。

9.3 经济影响研究的优点与缺点

经济影响的研究可用于各类投资项目的评估，从大型的（如一个新机场）到小型的（如新的农村社区中心）。根据该项目的性质和规模，我们可以对影响范围加以描述：对于国家级机场，这将影响整个国民经济；对于社区中心，其范围则包括那些有可能前往的居民的住所。可以肯定的是，投资规模及其影响区域越小，经济影响研究就更准确，也更翔实。一般来说，经济分析方法多涉及边际变化而非巨变。关于“影响”这个术语应该明确这一点：这是一个对事前与事后性质的计算，即使“事后”还没有发生。比方说，我们不可能分析英国艺术领域总投入对经济的“影响”：艺术支出当然可以通过计算GDP或公共支出或政府支出总额的占比来衡量，但这并不是经济影响研究。经济影响并非针对全部存量或零存量，而是关于增量投资项目的比较。

计划项目影响区域规模的一个重要特点是，其规模越小，其劳动力“输入”与其他投入的程度就越高，进而间接效益就会“溢出”该地区。另一方面，与该项目离得越近的居民，就越有机会使用它。这些因素可能会影响该项目的财务规划；当地居民很可能会去支持一个当地设施建设，但他们可能也会厌恶那些未资助该项目的、附近社区游客的“搭便车”行为（即有关认为应向设施使用征收费用的争论）。

预期收入及项目的文化价值，多是通过临近社区或其他地方类似设施的比较来估算。通常会出现这种情况，如果同时进行几个项目，其好处将会被高估，因为每个项目都独立于其他项目来估计自己的市场规模，而忽略了任何给定区域的访客或观众人数的容纳量都存在限度。

9.3.1 附加值和替代

一个项目有价值就必须能够带来社会福利的净增长，这也就是政府常常使用的“附加值”这个术语。收益必须是扣除成本的净值，其成本不仅包括项目本身的，还包括施加给环境或那些未打算使用这些设施的人的间接或外部成本。在一定程度上，这些成本的计算取决于政府的政策目标，即有什么样的环境政策。例如，如果项目可能会破坏一种罕见的鸟类或动物的栖息地，而政府政策是要保护它，那么就需要考虑该项目实施的环境成本。另一种类型的替代一般发生在劳动力市场：如果一个项目需要某种新型技能的工人，那么具备其他技能的工人就失去了现有工作，因此就业领域就不存在附加值。

在经济影响研究中，考虑替代的可能性同样也是一个基本问题，而忽视或低估它则是夸大项目净效益的一种方法。人们常常提到这样的例子，即将那些预期在节庆或其他类似活动中参观的人数算作现有旅游人数之外的增量，而他们忽略了这样一个事实，当活动举办时一些先前的游客可能会将旅游时间延期，因为他们预测这些活动会造成价格上涨和交通拥堵等现象。这已经出现在举办奥运会收益的预估中：在估计住宿和其他旅游项目开支的总收益时，应该考虑“常规”游客数量可能被替代。

项目开支被高估的另一个来源是，假定它们都是“新”的，即如果该项目没有发生，人们会把钱存起来而不是将其花费在其他方面。我们必须考虑到它很可能还有其他替代品。这是经济影响研究中一种常见谬论，它常常高估了项目的净效益。

9.3.2 使用乘数理论

约翰·梅纳德·凯恩斯（John Maynard Keynes）引入乘数理论，这是其针对20世纪30年代大萧条所开处方的基本理论。其简单的基本思想是，收入通过消费将影响传导至经济，但并非所有增加的收入都用于消费；有些则用于储蓄。收入的储存就是收入在经济中循环的漏洞：边际储蓄倾向（凯恩斯称）就是储蓄随收入增加而增加的程度，其比率越高，通过消费传导的收入量就越低，因为人们要么将他们的收入存起来，要么把它们花出去。因此，边际储蓄倾向决定了其通过国民收入发挥作用的乘数作用大小。如果边际储蓄倾向是0.20——即人们将存入多增收入的20%——那么，在这个简单的例子中乘数为5[2]。因此，如果其他所有情况都不变，一个由政府投资1 000英镑的项目，将增加5 000英镑的国民收入——但这是不可能的！除了储蓄，其他收入漏洞也会减少处于经济体系循环中的消费支出；税收降低人们的消费能力，购买进口商品导致收入流向国外经济体，因此这些收益不能归为国民收入。相反，旅游就相当于出口，它将来自其他国家或地区的收入注入国民收入或地区收入中。同时这也存在一个问题，政府如何获取开支：显而易见的是，如果政府征收所得税的额度与其开支数额一样，那么这将会降低整体的效果。

相较于国民经济，区域经济的漏洞很可能会更高，城市经济更是如此，因为很显然，区域经济相较于国民经济会从其他地区输入更多东西：因此区域层面的乘数数值将低于国家层面的乘数数值。实际上，在许多情况下，乘数一般不会高于1，这意味着没有一个项目支出的乘数效益会超过初始投资。选择一个更高的乘数，人们就更容易高估一个项目在收入与就业方面的间接效益。

9.3.3 通胀效应

城市再生方案通常认为，在没有替代方案的情况下将产生很多新的工作机会。然而，如果所有资源都得到了充分利用，包括劳动力，那么该项目将抬高工资与价格，以至于其实际收入（把价格考虑在内）并没有提高。因此，经济影响研究还必须考虑到，地方和区域经济中资源利用承受何种程度的压力。因此，应按照实际价值评估经济影响，就必须考虑到通货膨胀。

9.3.4 可持续性

有些项目是短期的，它们的目标就是快速获得收益；节庆就是个例子，它很可能只是一次性活动或每年举办一届。长期项目往往要求可持续性，这就是为什么夸大净收益是一个糟糕的政策。上述分析中常常涉及高估收益的可能性：这是因为经济影响研究实际上常常要么没有考虑到替代效应或累积效应（即认为每个项目的运作都是独立于其他已规划项目），要么夸大附加值或乘数规模。当这种情况发生时，该项目如果没有追加投资将难以维持下去，或者不得不减少服务的提供。

例如竞标欧洲文化之都这样的项目，需要大量的规划和前期投资（并且有可能不成功），因此人们期望长期项目能够可持续，特别是如果项目与城市再生相关联。同样，有关文化集群的投资，也期望能够长时间地促进具有自我持续性的创意能力，推动经济增长，这与创意产业和创意经济政策目标相一致。

9.3.5 条件价值评估研究与经济影响研究

正如第4章所讨论的，条件价值评估研究大多用于评估遗产项目，然而本章将重点都放在经济影响研究方面。事实上，它们之间没有矛盾，在某种程度上两者可以结合起来，其中条件价值评估法用于预测某个项目未来使用的支付意愿，并以此衡量诸如节庆之类项目的预计收入。一般来说，它们都基于不同目的。价值评估研究通常是关于现有具有公共产品特征项目的研究，因此它们不能通过价格来评估。经济影响有关预计收入的研究，皆基于该项目将要或能够通过收费方式获得的潜在价值，当然也要将外部利益考虑在内。更重要的是，经济影响研究包括将未来收入折现并将其与成本进行比较，而条件价值评估研究则询问人们在不久的将来准备从公共财政中花费多少给项目。

9.4 结论

本章介绍了能够产生外部效益的几种文化活动；它们往往由政府当局倡导或是由文化机构倡导并寻求公共财政资助。节庆、文化之都和创意集群，都很有可能列入促进经济发展与增长的议事日程，其促进作用常常是通过文化旅游方式实现的。因此，人们常常会通过一定的评价程序，如经济影响研究，对其未来的经济与文化收益进行详细审查。

文化经济学涉及的活动，通常不仅旨在提高经济效率，而且还能提供文化价值，尽管这很难定义。经济影响研究将每个提案视为投资项目，都必须遵循严格的程序，其目的是通过与相同资源的其他使用方式进行名义或实际的比较，以使决策者能够判断该项目的社会效率。经济学家，特别是许多经济顾问，常常以这种方式研究节庆、文化城市（欧洲的文化之都）、旨在促进城市再生的艺术项目和文化集群等所有类型的文化活动。

每种活动都有自己的目标，这主要取决于企业或组织阐明它们是什么，而经济分析则提供据此目标决策所需的信息。然而，公共部门有义务告诉那些提供资金的纳税人，确保所有预算支出项目中的公共支出都物有所值，这是经济影响研究的主要作用之一。即便如此，经济影响研究，永远都不会告诉决策者它们的目标是什么：一个节庆可能会期望覆盖成本，或是由于文化或政治原因获得资助，从而能够以免费或低于成本价格的方式提供。无论是哪种方式，都应该加强结果监测以保障目标的实现，经济研究则可以在事后评估成本与收益，以判断是否实现预期成果。如果一个免费节日只有富裕游客参加，那么这就表明该政策应该有所改变。

经济影响研究常常被用来评估只能在未来获取效益的项目——有些要经过很长时间。正因如此，预估成本和效益是很困难的，我们只能有根据地猜测。因此，经济影响研究似乎不堪大用，因为它要么低估、要么高估收益，本章已论及若干极易陷入这个陷阱的领域。

延伸阅读

布鲁诺·弗雷（Bruno Frey）（2011）曾用若干短小精干的章节论述节庆问题；沃尔特·斯特格达（Walter Santagata）（2011）对文化街区的论述与布露丝·希曼（Bruce Seaman）（2011）有关艺术领域经济影响研究的文章都值得一读；珍·斯诺鲍尔（Jen Snowball）（2008）有关文化价值评估的研究，则列出了文化经济学领域的诸多案例；戴夫·奥布莱恩（Dave O'Brien）（2010）的《文化价值评估：文化、媒体及体育部委托报告》（*Measuring the Value of Culture: A Report to the Department for Culture Media and Sport*）总结了该领域更广泛的文献。

注释

1 例如，在我写这本书的时候，英国政府建议项目的社会时间偏好率为3.5%，即其预计获得收益回报的时间可长达30年，具体可以看英国财政部(2013)的《绿皮书》(*The Green Book*)。这个比例还考虑了项目存续期的经济增长问题，以及很多风险因素。

2 换句话说：一定比例的支出通过消费从外部注入本区域收入流。比如说，人们花费其所增加收入的80%，那么这增加的80%就会变成别人的收入，然后那个人再将其中的80%消费掉，以此类推。所有这些来自额外收入的额外支出在每轮支出中不断递减，我们可以将其加总以便计算出收入的最终增加额。在这个例子中，其总额可以达到初始投入额的5倍。

第10章
结论

经济学中，好的研究常常受制于数据的有限性。因为，文化经济学常常要研究各种受助机构，公共资助的决策部门会收集一些经济数据，也会帮助从艺术与遗产机构那里获得更多数据。文化经济学的数据分析能力，一定程度上促进了艺术机构与研究者之间的合作。

文化经济学50年的发展经历了不少变革。起初，这门学科是研究“大写”的“Art”的经济学；如今，创意产业大行其道。正是在这个过程当中，文化经济学不断发展其理论并扩充研究范围。

10.1 早期：艺术与文化经济学

在英国，经济学家一度被艺术界人士视为冒失的擅闯禁地者。即便在20世纪70年代，质疑英国艺术委员会（ACGB）的决定还被视为大不敬：艺术委员会既不公开资金如何在不同艺术类别或区域之间分配，也没有现在所谓的文化政策，以便艺术领域公共财政支出的效率能够得以评估。1946年，《艺术委员会法令》颁布，凯恩斯被任命为首席主席，该法令也被视为最接近政策的表述，概括而言，其目标就是（至今仍然是）提升人们对于艺术的意识（awareness）以及提高人们的艺术接触程度（access）。至于这些目标的实施则交由艺术界的明星大腕们。然而，事实上艺术领域最大一笔公共支出——科文特花园皇家歌剧院（Royal Opera Covent Garden）的资助款项，起先掌握在财政部而非英国艺术委员会手中。多年之后，这种观念才得以扭转，对此艾伦·皮考克（作为苏格兰艺术委员会的主席，他自然而然地成为英国艺术委员会的委员）有着敏锐的洞察力与思考力。与莱昂内尔·罗宾斯（Lionel Robbins）一样，艾伦·皮考克是知名经济学家，也是艺术爱好者，而且他在20世纪80年代曾经主持过BBC财务质询案。他在1993年出版的著作《艺术资助：文化、音乐与金钱》（*Paying the Piper: Culture, Music, Money*）是文化经济学最好的著作之一。到了20世纪80年代，艺术领域的公共财政支出大幅削减，这迫使艺术管理者们意识到关于资助的经济学讨论以及艺术贡献的经济评估有助于其目标的达成，而经济学家就成了他们手中“被雇用的枪”。

美国的情形则大不相同，随着表演艺术成本的上升，艺术领域关于资金资助的需求源源不断，各种为艺术提供资助的基金会面临着巨大压力。这促使他们雇用鲍莫尔和鲍温，并诞生了1996年的那本名著。起先，他们两人在艺术领域毫无著述（尽管鲍温本人既是艺术家也是经济学教授），但是，正是两人的努力创立了艺术经济学这一崭新领域，后来被称为文化经济学。在美国，经济学家的工作大受欢迎，所以文化经济学早期成果多产生于此。后来，文化经济学的重心转向欧洲，其关注的焦点是资助问题。无论是在美国还是英国，关于艺术之经济贡献的各种过分热情的评估，都是由咨询人士而非学院派经济学家完成的，这在挑剔的财政经济学家看来天然存有缺陷。文化经济学家陷入腹背受敌的境地：在艺术界那里不受欢迎，在经济学界也不受重视。在欧洲，欧洲理事会于20世纪80年代开启了一系列关于艺术财政的研讨会和数据收集工作，但是这些工作都不是由经济学家，而大多是由文化行政部门的公职人员完成的。此时，联合国教科文组织开始对文化产业感兴趣，而法国文化部则试图理解自身在大众媒介传播文化过程中应该担负什么样的角色。20世纪90年代，有关建筑遗产的兴趣日渐浓厚，同时条件价值评估研究也大行其道。条件价值评估方法源自令人困惑的（特别是评价埃克森·瓦尔迪兹号游轮（Exxon Valdez）的石油泄漏事故对阿拉斯加的影响）公共产品属性的评估，最后扩张至自然以及建筑遗产等相关领域。包括艾伦·皮考克在内的经济学家，较早研究遗产其他方面的问题，特别是博物馆的经济学问题，到了20世纪90年代，人们开始讨论，即便不考虑采购以及维护的成本，博物馆的收藏以及在册遗产将毫无疑问地呈递增趋势。这个话题激起文化经济学家的浓厚兴趣，并引发大量有关条件价值评估的研究。

表演艺术与遗产是文化经济学研究的“经典”领域，其含义有二：其一，它们多以非营利机构面目出现，且常常由公共财政或直接由政府资助；其二，它们多受困于成本不断上涨的压力，且常常受到资助者（国家或私人）的关于预算赤字原因的质询，它们必须在申请资助时证明其文化与经济价值。对于经济学家而言，理解非营利机构的成本、供给、需求、收入以及价格政策等问题无疑是一个挑战。然而，文化经济学正是伴随着这样问题的求解而不断发展演化，并开始得到艺术界的认可。其中有一部分研究是关于艺术家的劳动力市场，也就是艺术家所关注的职业化、创意性之艺术及工艺性工作人员和表演者。该研究证明艺术与创意产业中收入较低，从而认为艺术家收入增长不是艺术品价格上升的主因。

10.1.1 文化经济学与文化政策

文化经济学一直密切关注文化政策。在英国，文化政策的重点不断变化。从20世纪70年代的蜜月期，英国艺术委员会自主决策，而且在公共财政方面多少能够得偿所愿；到了20世纪80年代的撒切尔时代，新的管理方法被引入，鼓励私人投资同时消减公共补贴；再到新工党时期，强调经济增长以及创意产业中的创意元素，“酷不列颠”（一个很快就被遗弃的口号）以及增强社会包容性的政策，被全面应用到艺术和博物馆当中。有关绩效指标被应用于评价艺术机构在吸引新观众及少数族群方面的表现。在发达国家，类似变化极为普遍，只是版本略有不同。除了国内政策，第二次世界大战后关于创意产业、音像产品交易与版权方面国际性政策的制定也呈增长趋势。欧盟在这个领域变得愈来愈活跃，其所制定的政策对所有成员国有效。

像应用经济学的其他分支，文化经济学应用福利经济学、公共选择与公共财政来评估这些政策在实现其目标中的表现。福利经济学通过观众和游客

（消费者）在艺术与遗产服务需求方面的选择、非参与者所感知到的收益以及民众自身所能理解的对于更广泛社会的外部收益，寻求社会福利的整体提高，并依此决定某个政策的社会效能。公共选择理论评估的是政客和官僚们的自我利益，而不是选民和纳税人的利益。公共财政则兼顾多种要素，如税收及资助政策的效率，分配政策以及其他涉及公平性的诸多方面。另外，诸如绩效指标等实用工具，也依据实然而非应然的政策创设出来。

通过诸如社会包容方面的贡献来评估艺术机构，已经成为政府政策的规范性做法。文化经济学通过分析受众社会经济特征，并将其结果与艺术机构受到的公共财政资助相联系，从而在提供事实证据方面扮演着积极的角色。它虽然不能决定政策，却能起到知会政策（包括大众）的作用。资助艺术的事也许只有政府说了算，不管谁从转移纳税人的钱中受益。将财富从有余者再分配给不足者，这在政策中并不多见，倒是相反的做法有着充足的理由。过去我们强调的原因是艺术欣赏能力培育需要时间，鉴赏能力并非一蹴而就，而其培养则是一个漫长的过程。但是有多慢？艺术委员会和文化行政部门似乎有着十分长远的规划：英国70年的政府资助是否将观众转变成当初政策预期的那样？通过收集观众社会经济特征方面的信息、分析受众需求，文化经济学家可能提出并回答这些问题。艺术与遗产的供给规模的确有了显著的扩张，但是供给并不能创造自身的需求，这是艺术政策曾经抱持的重要信念（包括早期的凯恩斯或者大英艺术委员会）。研究已经证明，不管是否获得资助，人们都会参与各种文化活动，而且他们会不断地演变为文化杂食者（omnivores）。

10.2 创意产业范式

20世纪末，创意产业范式横空出世，这就意味着，就经济视角而言，艺术与文化领域的投资也是一笔好生意。英国文化媒体与体育部倡导衡量创意产业对国民收入的贡献，其定义十分宽泛，以致像软件这些先前并不属于文化部门的行业也被纳入，其理由是它们生产了版权作品。鉴于创意产业在国民收入与就业潜在能力增长方面的突出地位，各种组织开展了一系列有关创意产业在总体经济中所占规模的测量工作，其中最为著名的是世界知识产权组织，当然也包括其他联合国机构，而所谓“版权依赖”则已成为编制行业名单时所要衡量的基本原则。然而，版权的支柱作用并非不可动摇：政府只是应“利益相关者”要求出面管理而已，而且长期以来，版权只是在回应那些涉及版权之商业利益的游说，而非消费者或者其他用户的利益。随着数字化的出现，特别是随着新的消费方式与版权产品应用的出现，有关版权和其他知识产权的关注开始在创意产业政策中占据主导地位，并在一定程度上转向消费者利益。

10.2.1 衡量创意产业的经济贡献

创意产业“运动”最迅速的成就，就是通过产品与服务从某些门类的国民收入账户中重新排序进入另外的门类，从而创设创意产业门类。英国文化、媒体与体育部的成立就意味着，此前在贸易与工业部统治下的出版、传播、电影和音乐产业所包括的产品与服务全部归属一个部门管理。如今，现场古典音乐与音乐产业联系在一起。国民收入核算本身不能算作一个有趣的话题，但是在此语境下它无疑是一个重要的话题。每一个经济学学生都熟知衡量增加值的基本规则，及避免重复核算，但是很少有人细究如何分类的现实问题。从经济学角度来看，钢琴制造是作为家具在制造业中，还是作为服务在音乐产业中拥有标准产业分类代码（SIC）并不重要，只要没有违背其基本规则。因为，任何分类方式都不会改变国民收入的规模。但是，如果你想衡量音乐产业的规模，并以此作为依据支持版权法，或为垂死挣扎的录音行业寻求财政支援，这就变得十分重要。政府统计部门对于经济发展的结构性变化反应迟缓，这也助长了产业统计中的移花接木现象，而农业、采矿业的分类远比服务业细化。

为了研究如何测度创意产业的总体增加值，人们不得不从其他产业门类抽取数据，而对于劳动力市场数据而言，这种情形可谓有过之而无不及。英国音乐行业协会（UK Music）曾于2013年资助一项名为《英国核心音乐产业的经济贡献》（The Economic Contribution of the Core UK Music Industry）的研究，该研究细致分析现行标准产业分类代码的弊端，也充分揭示核心音乐产业对于国民收入贡献被低估的程度。如今这个问题得到正视，这在一定程度上要归功于联合国所属组织，特别是联合国统计司（Statistics Division），各国有关创意产业的数据也更为可信。正是在联合国有关机构的支持下，创意经济作为基于人力资本与知识产权资产的新型经济，被视为经济增长的领头羊。这点现在已经广为人知，所有与文化街区、集群、旅游、文化都市等相关的商业都会对其经济增长以及就业潜力进行评估。这种变化从根本上改变了文化政策。如今，经济影响以及文化参与的研究在很多国家已经成为家常便饭，对此经济学家可谓厥功至伟，但是人们对于创意经济规模的测量似乎还提不起兴趣。也就是说，文化经济学在具体创意产业方面收获颇丰，特别有关广播、音乐、电影的研究，它们通过节目产量、明星以及大片研究文化供给，研究文化多样性与全球化，研究产业组织的经济特征。

10.2.2 态度变化

将艺术与文化产业重新定位为创意产业的理由很充分：表演者、创造者以及消费者（观众）之间的交叉现象愈来愈明显，这种部门重组反映了这些变迁。去音乐会的人参观博物馆，购买唱片；演员从事电影、电视以及舞台工作；歌唱家录制巴赫清唱剧，也演绎广告曲；电影导演执导歌剧；作曲家既为音乐会谱曲，也为电视剧作曲，如此等等，不一而足。文化经济学关于艺术家劳动力市场的研究表明，艺术家大都身兼数职。然而，研究同时也表明，职业艺术家常常不能如其所愿地充分就业，而且会面临间歇性失业，尽管创意产业的就业较为灵活。这一现象不足为奇，因为创意产业从业者大都集中在管理或产品制作环节中。例如，在出版业中，少数成功的作家就是这个行业大多数从业者的衣食父母。创意产业的关键是内容创造，它部分是由团队在工作场所完成的，但更多的是由个体自行完成的。在艺术和创意产业中，接受艺术专业训练的人远远比实际从业者多；艺术工作的本质就是，艺术家的供给常常过剩，而那些为大众所称道的明星则更是寥寥可数。更令人迷惑不解的是，创意这个术语竟然被运用到大学教育的课程之中，如艺术、音乐、创意写作之类，而这些受教育者将来所从事的工作与艺术毫无关系。这些都给创意产业就业数据带来不确定性。由于表演与创意艺术在创意产业对就业及国民收入的贡献中所占比重甚小，所以，一旦文化政策强调经济规模，它们就有被边缘化的风险。

10.2.3 创意与溢出效应

众所周知，艺术部门对于更广的创意产业而言具有明显的副作用和溢出效应。有时，这被表述为资助的回报，犹如投资一般。在英国，不少受助剧院的作品在伦敦西区获得了商业上的成功，《战马》（War Horse）就是其中杰出的代表之一。从更广泛的意义来说，艺术产品创意的核心在于培养创意意识，这种创意意识不仅以多种方式溢入创意产业，而且渗入其他经济领域。这就是传统意义上的外部收益。在创意经济中，创意备受热捧：文化经济先前只与艺术家的作品有联系，如今也包括“软”创新——人力资本在无形产品生产中的作用与有形资本在制造业中的作用相当。

在相当程度上，文化经济学家对于成本病——强调艺术无法通过创新与技术进步来提升生产率——的热衷，阻碍了他们对创意与创新的研究。然而，有些文化经济学家提出了挑战，他们通过人均产出来思考生产率问题，将通过收音机、CD或者电视来收听（看）演出，以及音乐厅的那些现场观看者统计为广义受众。上述洞见已成事实，随着现场艺术与博物馆展览被数字化为电子形式，人们可以在当地的电影院就能看到，这明显扩大了艺术的受众群体，包括现有观众以及新（年轻）观众。

10.3 技术变革的影响

诚然，印刷机的发明确使文化获取的方式发生了重大技术变革，20世纪后期的新变革包括消费者能够更轻松、更便宜地获得电唱机、电视机和录像机，以及后来的家庭录音、复制设备和计算机。在消费者拥有更多电子设备的同时，接入速度与带宽速度也大幅提升，这就可以让消费者能够同时应用多种设备、开展多项活动。互联网的数字技术革命，以及万维网与数字文化内容的结合导致内容如今成了事实上的公共产品，因为只有版权法是存在大规模复制与下载道路上的拦路虎。这些耐用消费品的增长不仅反映了技术进步，而且反映了收入的增长以及人们更富裕的事实。艺术领域弹性收入的研究表明，消费随着收入的增长而增长，家庭文化产品与服务的消费亦是如此。过去10年，尽管经济形势不景气，但在电子设备方面的消费支出却迅速增长。随着复制、下载以及浏览能力的提升，人们愈来愈多地关注版权法的意义、非法复制对创意产业（特别是声音复制）影响的估计，这些已经成为版权经济学的组成部分。在过去10年左右的时间里，尽管版权经济与文化经济学存在不少话题上的交叉，但随着学术界对其关注的不断增长，版权经济已经逐渐演变为一个相对独立的领域。

文化经济学界刚刚开始研究数字化对艺术与遗产的影响。近些年，博物馆将数字技术广泛地应用于从市场营销到藏品保护等方面。重要的博物馆、档案馆以及专业收藏等机构均采用同样的手段，这些机构将电影和录音的收藏数字化，既有利于保存，也有利于向公众开放。在这种情况下就面临着来自诸如谷歌图书馆项目（项目名称在过去几年不断变化）的竞争，该项目扫描多种图书，包括许多重要大学图书馆的馆藏：这些作品在写作时，出版商，作家和艺术家之间本就有法律纠纷。不管有关尚在版权保护期内的作品相关官司结果如何，这些图书馆中的很多作品都已进入公有领域，因此这些作品的使用既无须授权也不用付费。图书馆以及相关服务机构正在将其收藏进行数字化（包括以保存为目的）并可在线获取，这就面临版权问题，即所谓“孤儿作品”问题：作品可能尚在、也有可能不在版权保护期内，只是相关信息无法获取。版权法正在修订以适应这些需求，但是法律修订不可避免地缓慢，常常滞后于经济发展。尽管，人们认识到一定程度的非授权使用数字形式版权作品在所难免。

数字化以多种方式帮助艺术与遗产机构，实现到达更广泛观众的可能性，包括那些不想或不能的观众，因此能够帮助它们分摊产品的固定或沉淀成本。例如，它让更多观众看到剧院的现场表演，这是以往需进入剧场才能观看情形下无法企及的，而博物馆则可以将自己的藏品呈现给身居世界彼端的人们。尽管，并非所有服务都要付费，但是就原则而言，绝大多数都可以收费，就像电子书和数字录音。免费原因之一就是这些艺术机构或博物馆已经获得资助，如今它们自然乐于将其服务提供给更多的大众：既然我们能让外国游客免费进入博物馆，为什么不能让所有人都免费在线访问呢？数字化传输的边际成本实际上为零，尽管研究表明数字化收集过程的成本很高。考虑到其明显的文化与外部收益，我们很容易从经济立场支持用公共财政来支付这些固定成本。少量有关戏剧和话剧现场直播的研究表明它们很受欢迎，这预示着新的收入来源。即便数字化直播的沉没成本很高，也能相对较快地收回。其中最大的未知数是，像其他数字化创造，可能出现“竟食效应（Cannibalization）”——数字化版本替代了原始版本。这也是那些规模较小的艺术机构和博物馆在数字世界将面临的问题——产品数字化的高昂成本以及与业内明星巨头的激烈竞争。如果，居家以数字化方式在线收看和访问的收益递减程度能够停滞下来，那将是一个有意思的现象。不过，参加流行音乐会和节庆的人数较为稳定，这表明人们愿意出来消费。

这些重大变化对于文化政策而言具有文化与经济的意义，并开始被政策制定者意识到。对于那些接入互联网的人们而言，大量信息是免费的，但这并非普遍现象。所谓“数字鸿沟”就表明存在信息接入方面的不平等问题，这需要采用不同的资助方式来推动参与，这个话题已经受到一些国际文化组织的关注，特别是联合国教科文组织。

对于文化多样性以及机会均等而言，业已显现出来的大型跨国集团垄断创意产业市场的趋势，无疑是文化经济学未来的话题之一，虽然这个话题已经讨论很久，却历久弥新。文化产品生产中的规模与范围经济是企业增长的动力所在。创意产业常常就它们对经济增长以及就业的贡献进行炒作，这也是政府不愿制约它们增长的原因所在。人们不太愿意将竞争法应用到这种市场支配行为上，尽管竞争法自身需要深刻认识"创造性破坏"以及竞争机制。这些对于文化经济学而言都是有意思的话题，它们开启了一系列崭新的研究机遇。

10.4 结论

本书研究文化经济学的基本问题。它涵盖了《文化经济学刊》（首刊于1977年）以及其他学术刊物的文献，研究专门领域（如遗产）的书籍，涵盖该领域多个话题之手册的若干章节，以及国际经济学会（ACEI www.culturaleconomics.org）双年会议的会刊。本章结尾将附上阅读书目，这也是前面各章的延伸阅读文献。不可避免的是，话题的范围及其处理方式将受到本人兴趣的影响，最明显的是有关版权的章节。令人惊讶的是，将版权与文化经济联系起来的文章与书籍如此之少（索罗斯比是个例外），尽管版权经济，包括一些创意产业方面的案例研究为数不少。文化经济学这个领域当然包括文化经济和文化政策的内容，但是也不能缺少对版权法的熟知，如今人们已经认识到，对数字世界而言，版权法整体上是复杂且不完善的。

创意经济并非文化经济学的专利：媒介经济学几乎与文化经济学平行，它们所关注的很多问题相互交叠或互补；电影以及其他娱乐产业经济学，为防止新闻和他报道出现偏见而采取的控制跨媒介产权的政策，以及这些政策对报纸内容和媒介产权的影响。相应地，文化社会学也涉及文化经济学的一些话题，例如音乐产业与艺术家的劳动力市场，特别是诸如专业化等问题最受社会学家关注。经济社会学也涉及文化经济学某些相同话题，例如艺术作品的定价过程。简言之，关于创意产业的交叉研究将是一座富矿。

虽然，文化经济学作为一个崭新领域需要借鉴已经成熟的经济学的思想。除了鲍莫尔的成本病，文化经济学迄今为止尚未形成新的理论，而只是将正统和非正统的经济学思想应用至其研究的对象上。马克·布劳格自20世纪70年代就开始研究文化经济学，他这样论述文化经济学的评估方法（Blaug，2001）：正如对经济学方法的讨论，他将理论与实证演化区分开来。他总结道，文化经济学在实证方面进展明显，但是其理论进展甚微。这种评价即便在今天仍然有效。

文化经济学实证研究步伐受到如下两个方面进步的极大推动：数据分析愈来愈方便，可获得的数据愈来愈多。计算机极大程度地帮助研究者通过数据包处理他们的发现，这克服了理论经济计量（经济计量就是将数学方法与统计技术应用于经济数据和问题）以及结果诠释问题，如统计有效性。因此，如今复杂的分析可由研究生完成。经济学中，好的研究常常受制于数据的有限性。因为，文化经济学常常要研究各种受助机构，公共资助的决策部门会收集一些经济数据，也会帮助从艺术与遗产机构那里获得更多数据。文化经济学的数据分析能力，一定程度上促进了艺术机构与研究者之间的合作。也就是说，艺术界人士还是十分怀疑经济学家（悲哀的是，他们忽略了文化经济学），他们常常混淆了“实然”与“应然”，而想当然地认为经济效率就意味着消减成本。我希望本书能够纠正这两种误解。

延伸阅读

《文化经济学刊》(Journal of Cultural Economics) 可上网浏览(只对国际文化经济学会会员有效)。文集、手册以及调查都是有用且相对便捷的参考资料。它们因读者而异，有些篇幅较短。有关文化经济的第一本文集出自马克·布劳格(1976)，这本书有着历史与现实的双重意义。露丝·陶斯(1997)将早期发表于20世纪70年代至90年代的重要文章汇编成册。詹姆斯·海尔布伦(James Heilbrun)与查尔斯·M.格雷(Charles M. Gray)(1993；2001)早在1993年出版了艺术与文化经济学的第一本教材，其第二版出版于2001年；该书采用美国视角且目标在于初学者，它在教学中有着广泛运用。维克托·金斯伯格(Victor Ginsburgh)和彼埃尔-米歇尔·门格尔(Pierre-Michel Menger)(1996)编辑了一本专门论述艺术经济问题的文集。戴维·索罗斯比(1994)为《经济学文献》(Journal of Economic Literature)撰写了文化经济学早期重要的调查文章，同年，艾伦·皮考克(Alan Peacock)与伊尔蒂·瑞滋(Ilde Rizzo)则主编一本专门论述文化经济与文化政策问题的文集。

而最近出版的文献则包括：布劳格(2001)检阅了过去30年左右时间里文化经济学的重要作品。这些文献及发表于20世纪90年代至21世纪初的其他36篇文章重印于露丝·陶斯(2007)主编的《文化经济学发展趋势》(Recent Trends in Cultural Economics)。《艺术与文化经济学手册》(A Handbook of Cultural Economics)(Towse, 2011)则包括了50位权威专家就各自擅长的话题专门撰写精悍短文，简要概括这个话题的研究成果，并就进一步阅读与研究提供建议。由维克托·金斯伯格（Victor Ginsburgh）与戴维·索罗斯比主编的两卷本手册，无疑是文化经济学前沿的一项开创性工作，其作者来自更广范围的专家，目标也在于更广的经济学专业。与此类似，迈克尔·哈特（Michael Hutter）与戴维·索罗斯比则主编一本专门论述文化价值问题的文集。《文化经济学》（*A Textbook of Cultural Economics*）（Towse，2010）则对本书所讨论的问题有着更为详尽与细致的分析，而且还包括经济学术语解释以及很多案例。对版权经济学感兴趣的可以参看《版权经济学研究综述》（*Review of Economic Research on Copyright Issues*）（www.serci.org），或者是露丝·陶斯与理查德·瓦特（Richard Watt）（2008）主编的有关版权经济的文集。最后，露丝·陶斯与克里斯蒂安·汉克（Christian Handke）主编的《数字创意经济手册》（*Handbook on the Digital Creative Economy*），则分37章对数字化在艺术及创意产业中的影响做专门论述，其中部分在前面章节已有提及。

参考文献

Abbing, Hans(2002), *Why are Artists Poor? The Exceptional Economy of the Arts*, Amsterdam: University of Amsterdam Press.

Arora, Payal and Filip Vermeylen(2013), "Art markets", in Ruth Towse and Christian Handke(eds), *Handbook on the Digital Creative Economy*, Cheltenham, UK and Northampton, MA, USA: Edward Elgar Publishing, pp. 322-9.

Ashenfelter, Orley and Kathryn Graddy(2011), "Art auctions", in Ruth Towse(ed.), *A Handbook of Cultural Economics*, 2nd edition, Cheltenham, UK and Northampton, MA, USA: Edward Elgar Publishing, pp. 19-27.

Bakhshi, Hasan and David Throsby(2010), *Culture of Innovation: An Economic Analysis of Innovation in Arts and Cultural Organisations*, London: NESTA. Accessed at: http://www.nesta.org.uk/sites/default/files/culture_of_innovation.pdf (retrieved 10 December 2013).

Bakhshi, Hasan and David Throsby(2012), "New technologies in cultural institutions: theory, evidence and policy implications", *International Journal of Cultural Policy*, 18(2), 205-22.

Baumol, William(2011), "Application of welfare economics", in Ruth Towse(ed.), *A Handbook of Cultural Economics*, 2nd edition, Cheltenham, UK and Northampton, MA, USA: Edward Elgar Publishing, pp. 9-18.

Baumol, William and William Bowen(1966), *Performing Arts: the Economic Dilemma*, Hartford, CT: The Twentieth Century Fund.

Benhamou, Francoise(2011), "Heritage", in Ruth Towse(ed.), *A Handbook of Cultural Economics*, 2nd edition, Cheltenham, UK and Northampton, MA, USA: Edward Elgar Publishing, pp. 229-35.

Blaug, Mark(ed.)(1976), *Economics of the Arts*, London: Martin Robertson.

Blaug, Mark(2001), "Where are we now in cultural economics?", *Journal of Economic Surveys*, 15(2), 123-43.

Blaug, Mark(2011), "Welfare economics", in Ruth Towse(ed.), *A Handbook of Cultural Economics*, 2nd edition, Cheltenham, UK and Northampton, MA, USA: Edward Elgar Publishing, pp. 425-30.

Caves, Richard(2000), *Creative Industries. Contracts Between Art and Commerce*, Cambridge, MA: Harvard University Press.

Caves, Richard(2005), *Switching Channels: Organization and Change in TV Broadcasting*, Cambridge, MA: Harvard University Press.

Cowen, Tyler(1998), *In Praise of Commercial Culture*, *Cambridge*, MA: Harvard University Press.

Department for Culture, Media and Sport(DCMS)(2011), *Creative Industries Economic Estimates*, London: DCMS. Accessed at: http://www.culture.gov.uk/images/research/Creative-Industries-Economic-Estimates-Report-2011-update.pdf(retrieved 1 December 2013).

Doyle, Gillian(2013), *Understanding Media Economics*, 2nd edition. London: Sage.

Fernández-Blanco, Victor and Juan Prieto-Rodríguez(2011), "Museums", in Ruth Towse(ed.), *A Handbook of Cultural Economics*, 2nd edition, Cheltenham, UK and Northampton, MA, USA: Edward Elgar Publishing, pp. 290–96.

Frey, Bruno(2000), *Arts and Economics*, Berlin, Heidelberg: Springer.

Frey, Bruno(2003), *Arts and Economics*, 2nd edition, Berlin, Heidelberg: Springer.

Frey, Bruno(2011), "Festivals" and "Public support" in Ruth Towse(ed.), *A Handbook of Cultural Economics*, 2nd edition, Cheltenham, UK and Northampton, MA, USA: Edward Elgar Publishing, pp. 216–19, 370–77.

Ginsburgh, Victor(2011), "Resale rights", in Ruth Towse(ed.), *A Handbook of Cultural Economics*, 2nd edition, Cheltenham, UK and Northampton, MA, USA: Edward Elgar Publishing, pp. 394–400.

Ginsburgh, Victor and Pierre-Michel Menger(eds)(1996), *Economics of the Arts: Essays*, Amsterdam: North Holland.

Ginsburgh, Victor and David Throsby(2006; 2013), *Handbook of the Economics of the Arts and Culture*, volumes I and II, Amsterdam: North Holland Elsevier.

Grampp, William(1996), "A colloquy about art museums", in Victor Ginsburgh and Pierre-Michel Menger(eds), *Economics of the Arts: Essays*, Amsterdam: North Holland, pp. 221–54.

Handke, Christian(2013), "Empirical evidence on copyright", in Ruth Towse and Christian Handke(eds), *Handbook on the Digital Creative Economy*, Cheltenham, UK and Northampton, MA, USA: Edward Elgar Publishing, pp. 249–61.

Heilbrun, James(2011), "Baumol's cost disease", in Ruth Towse(ed.), *A Handbook of Cultural Economics*, 2nd edition, Cheltenham, UK and Northampton, MA, USA: Edward Elgar Publishing, pp. 67–75.

Heilbrun, James and Charles(Mel)Gray(1993; 2001), *The Economics of Art and Culture*, 1st and 2nd editions, Cambridge: Cambridge University Press.

HM Treasury(2013), *The Green Book: Appraisal and Evaluation in Central Government*, accessed at: https://www.gov.uk/government/publications/the-green-book-appraisal-and-evaluation-in-central-government(retrieved 9 December 2013).

Hutter, Michael and David Throsby(2011), *Beyond Price. Value in Culture, Economics and the Arts*, Cambridge: Cambridge University Press.

Landes, William(2011), "Copyright", in Ruth Towse(ed.), *A Handbook of Cultural Economics*, 2nd edition, Cheltenham, UK and Northampton, MA, USA: Edward Elgar Publishing, pp. 100–112.

Mazza, Isidoro(2011), "Public choice", in Ruth Towse(ed.), *A Handbook of Cultural Economics*, 2nd edition, Cheltenham, UK and Northampton, MA, USA: Edward Elgar Publishing, pp. 362–9.

Montias, Michael(1976), "Are museums betraying the public's trust?", in Mark Blaug(ed.), *Economics of the Arts*, London: Martin Robertson, pp. 205–17.

Navarette, Trilce(2013), "Museums", in Ruth Towse and Christian Handke(eds), *Handbook on the Digital Creative Economy*, Cheltenham, UK and Northampton, MA, USA: Edward Elgar Publishing, pp. 330–43.

Netzer, Dick(2011), "Non-profit organizations", in Ruth Towse(ed.), *A Handbook of Cultural Economics*, 2nd edition, Cheltenham, UK and Northampton, MA, USA: Edward Elgar Publishing, pp. 304–12.

O'Brien, Dave(2010), *Measuring the Value of Culture: A Report to the Department for Culture Media and Sport*, London: DCMS. Accessed at: https://www.gov.uk/government/uploads/system/uploads/attachment_data/file/77933/measuring - the - value-culture report.pdf(retrieved 9 December 2013).

O'Hagan, John,(2011), "Tax concessions", in Ruth Towse(ed.), *A Handbook of Cultural Economics, 2nd edition*, Cheltenham, UK and Northampton, MA, USA: Edward Elgar Publishing, pp. 408–12.

Peacock, Alan(1993), *Paying the Piper:Culture, Music, Money*, Edinburgh: Edinburgh University Press.

Peacock, Alan and Ilde Rizzo(eds)(1994), *Cultural Economics and Cultural Policies*, Dordrecht: Kluwer Academic Publishers.

Peacock, Alan and Ilde Rizzo(2008), *The Heritage Game: Economics, Policy and Practice*, Oxford: Oxford University Press.

Rizzo, Ilde and Anna Mignosa(2013), *A Handbook on the Economics of Cultural Heri-*

tage. Cheltenham, UK and Northampton, MA, USA: Edward Elgar Publishing.

Rushton, Michael(2011), "Pricing the arts", in Ruth Towse(ed.), *A Handbook of Cultural Economics*, 2nd edition, Cheltenham, UK and Northampton, MA, USA: Edward Elgar Publishing, pp. 350–55. Also "Artists' rights", pp. 59–62.

Santagata, Walter(2011), "Cultural districts", in Ruth Towse(ed.), *A Handbook of Cultural Economics*, 2nd edition, Cheltenham, UK and Northampton, MA, USA: Edward Elgar Publishing, pp. 147–52.

Seaman, Bruce(2011), "Economic impact of the arts", in Ruth Towse(ed.), *A Handbook of Cultural Economics*, 2nd edition, Cheltenham, UK and Northampton, MA, USA: Edward Elgar Publishing, pp. 201–10.

Siwek, Stephen(2011), *Copyright Industries in the U.S. Economy: The 2011 Report*, Prepared for the International Intellectual Property Alliance(IIPA). Washington DC: Economists Incorporated.

Snowball, Jen(2008), *Measuring the Value of Culture: Methods and Examples in Cultural Economics*, Heidelberg: Springer.

Snowball, Jen(2011), "Cultural value", in Ruth Towse(ed.), *A Handbook of Cultural Economics*, 2nd edition, Cheltenham, UK and Northampton, MA, USA: Edward Elgar Publishing, pp. 172–5.

Stepan, Paul(2013), "Film", in Ruth Towse and Christian Handke(eds)(2013), *Handbook on the Digital Creative Economy*, Cheltenham, UK and Northampton, MA, USA: Edward Elgar Publishing, pp. 399–408.

Taalas, Mervi(2011), "Costs of production", in Ruth Towse(ed.), *A Handbook of Cultural Economics*, 2nd edition, Cheltenham, UK and Northampton, MA, USA: Edward Elgar Publishing, pp. 113–19.

Throsby, David(1994), "The production and consumption of the arts: a view of cultural economics", *Journal of Economic Literature*, XXXII(1), March, 1–29.

Throsby, David(2001), *Economics and Culture*, Cambridge: Cambridge University Press.

Throsby, David(2010), *The Economics of Cultural Policy*, Cambridge: Cambridge University Press.

Towse, Ruth(1997), *Cultural Economics: The Arts, the Heritage and the Media Industries*, Cheltenham, UK and Lyme, NH, USA: Edward Elgar Publishing.

Towse, Ruth(2007), *Recent Trends in Cultural Economics*, Cheltenham, UK and

Northampton, MA, USA: Edward Elgar Publishing.

Towse, Ruth(2010), *A Textbook of Cultural Economics*, Cambridge: Cambridge University Press.

Towse, Ruth(ed.)(2011), *A Handbook of Cultural Economics*, 2nd edition, Cheltenham, UK and Northampton, MA, USA: Edward Elgar Publishing.

Towse, Ruth and Christian Handke(eds)(2013), *Handbook on the Digital Creative Economy*, Cheltenham, UK and Northampton, MA, USA: Edward Elgar Publishing.

Towse, Ruth and Richard Watt(2008), *Recent Trends in Economics of Copyright*, Cheltenham, UK and Northampton, MA, USA: Edward Elgar Publishing.

UK Music(2013), *The Economic Contribution of the Core UK Music Industry*, London: UK Music.

UNCTAD(2008), *Creative Economy Report 2008*, Geneva: UNCTAD.

UNCTAD(2010), *Creative Economy Report 2010*, Geneva: UNCTAD. Accessed at: http://unctad.org/en/docs/ditctab20103_en.pdf(retrieved 15 November 2013).

Urrutiaguer, Daniel(2011), "Theatre", in Ruth Towse(ed.), *A Handbook of Cultural Economics*, 2nd edition, Cheltenham, UK and Northampton, MA, USA: Edward Elgar Publishing, pp. 420–24.

Velthuis, Olav(2011), "Art markets", in Ruth Towse(ed.), *A Handbook of Cultural Economics*, 2nd edition, Cheltenham, UK and Northampton, MA, USA: Edward Elgar Publishing, pp. 33–42.

Vogel, Harold(2010), *Entertainment Industry Economics*, 8th edition. New York: Cambridge University Press.

Waelbroek, Patrick(2013), "Digital music", in Ruth Towse and Christian Handke (eds), *Handbook on the Digital Creative Economy*, Cheltenham, UK and Northampton, MA, USA: Edward Elgar Publishing, pp. 389–98.

Withers, Glen(2013), "Broadcasting", in Ruth Towse and Christian Handke(eds), *Handbook on the Digital Creative Economy*, Cheltenham, UK and Northampton, MA, USA: Edward Elgar Publishing, pp. 409–15.

World Intellectual Property Organization(WIPO)(2003), *WIPO Guide on Surveying the Economic Contribution of the Copyright-Based Industries*, Geneva: WIPO.

译后记

译后记

在文化经济学发展近半个世纪的历程中，露丝·陶斯无疑是最熟悉学术史的学者，这不仅因为自20世纪60年代以来，她就精耕文化经济学领域，并担任国际文化经济协会主席以及《文化经济学刊》的共同主编，是文化经济学界的活化石，而且还因为她在文化经济学体系建设方面成就卓绝，这包括她主编的、具有工具书意义的《艺术与文化经济学手册》，以及一系列内容丰富、结构严谨、特色鲜明的文化经济学教材。而本书无疑是露丝·陶斯众多文化经济学教材方面的代表性作品，这不仅表现在本书集成文化经济学之问题与方法，为读者提供迄今为止最为周全的学科框架，而且表现在本书力避经济学行话，表述方式力求通俗，适用于非经济学专业人士。作为文化经济学的研究者，本人早在10余年前就接触过露丝·陶斯的其他文化经济学著作，并在我的《文化产业导论》中引介其学术思想，这次翻译《文化经济学》乃本人之幸。

另外，值得一提的是，本书的翻译多少也见证了我与露丝·陶斯的学术缘分。当时，我正在英国格拉斯哥大学访学，偶尔有幸聆听露丝·陶斯教授的讲座，在讲座之后约了一个时间与她会面，其间就谈及翻译的事，其中还包括她的另外两部著作——《艺术与文化经济学手册》与《创意、激励与奖励：信息时代版权与文化的经济分析》。此后，我就在她的帮助下联系出版社，结果发现东北财经大学出版社已经购买了《文化经济学》的版权，于是在我同事魏鹏举教授的引介下，接触到东北财经大学出版社"文化艺术经济学译丛"的编辑李季老师，通过她的策划于是便有了此书的中文版本。

本书翻译的绝大部分工作都是在英国完成的，我在格拉斯哥大学的两位同事，在此访学的中央电视台国际部李烨老师，以及就读于格拉斯哥大学文化政策研究中心的黄淼博士都参与了本书的翻译。另外，我的研究生杨雅慧、曹悦鑫参与部分书稿的初译工作，于浩在全书文字校对方面亦有贡献，现将具体分工说明如下：

周正兵：第1章、第10章

李烨：第2章

黄淼：第7章、第8章

杨雅慧：第3章、第5章、第9章

曹悦鑫：第4章、第6章

全部翻译完成之后，由本人负责全书的校对，因此本书的翻译如有错讹之处，乃本人之责，请读者诸君批判指正。

周正兵

2016年1月18日